KRÖNERS TASCHENAUSGABE BAND 515

Bernhard Zimmermann

Die griechische Tragödie

ALFRED KRÖNER VERLAG STUTTGART

Bernhard Zimmermann
Die griechische Tragödie
Stuttgart: Kröner 2018
(Kröners Taschenausgabe; Band 515)
ISBN: 978-3-520-51501-8

Gedruckt mit einem Zuschuss der Landesstiftung ›Humanismus heute‹, Freiburg i.Br.

Gesamtherstellung: Friedrich Pustet Regensburg

Inhalt

Vorwort 7

1. Einleitung 9

Aristophanes: *Die Frösche*, und die attische Tragödie 9
Überlieferung der griechischen Tragödie 10
Kult und Tragödie 14
Politik und Tragödie 20
Organisation dramatischer Aufführungen in Athen 23
Aufführungsbedingungen 28
Mythos und Tragödie 32
Struktur 34
Metrik und Musik 38
Chor und Handlung 40

2. Aischylos 45

Leben 45
Werk 47
Geschichte als Mythos: *Die Perser* 49
Sieben gegen Theben 53
Die Schutzflehenden (*Hiketiden*) 57
Die Orestie 59
Der gefesselte Prometheus 74

3. Sophokles 78

Leben 78
Werk 80
Aias – Trachinierinnen 81
Antigone 88
Die Oidipus-Tragödien:
König Oidipus – Oidipus auf Kolonos 98
Elektra 106
Philoktetes 108

4. Euripides 113

Leben 113
Werk 114
Drei Frauen: *Alkestis – Medea – Phaidra* 115

Die Grausamkeit der Götter und der Sieg der Menschlichkeit: *Der rasende Herakles* ... 127
Die Verbürgerlichung der Tragödie: *Elektra* ... 131
Die Umwertung der Werte und der Verlust der Menschlichkeit: *Die Phönizierinnen – Orestes – Iphigenie in Aulis* ... 133
Die Folgen des Krieges: *Hekabe – Troerinnen – Andromache* ... 141
Das Lob Athens: *Die Schutzflehenden* (*Hiketiden*) – *Die Kinder des Herakles* (*Herakliden*) ... 144
Tragikomische Gratwanderungen: *Iphigenie bei den Taurern – Ion – Helena* ... 146
Die Rückkehr des Dionysos oder Drama und Mysterium: *Die Bakchen* ... 156

5. Die nachklassische Tragödie ... 162

Einige einführende Literaturangaben ... 167

Stammbäume ... 172

Vorwort

Die erste Auflage dieses Büchleins erschien 1986 als Band 29 der ›Artemis Einführungen‹, in überarbeiteter Form 1992 bei Artemis & Winkler (München – Zürich), schließlich als Paperback-Ausgabe bei Patmos (Düsseldorf). Eine amerikanische Übersetzung liegt seit 1991 vor (*Greek tragedy. An introduction*, Baltimore: Johns Hopkins University Press). Inzwischen ist die deutsche Ausgabe seit Langem vergriffen, aber einführende Darstellungen zu den wichtigsten Gattungen und Autoren der Literaturgeschichte sind heute vielleicht noch mehr als vor 30 Jahren ein Desiderat. So lag es nahe, an eine Neuauflage meiner Einführung in die griechische Tragödie zu denken. Der Text des vorliegenden Bändchens basiert im Großen und Ganzen auf der Ausgabe von 1992, ist aber doch durchgehend – vor allem in der Einleitung – überarbeitet und ergänzt worden. Die Übersetzungen aus dem Griechischen stammen, wenn nicht anders angegeben, vom Verfasser.

Es versteht sich von selbst, dass sich die Forschung zur griechischen Tragödie in den letzten Jahrzehnten ständig weiterentwickelt hat. Ziel dieser Einführung ist allerdings wie auch bei den ersten beiden Auflagen nicht die Diskussion der fast unüberschaubaren Sekundärliteratur zur griechischen Tragödie, sondern eine Überblicksdarstellung zum Werk der drei Tragiker Aischylos, Sophokles und Euripides, die sowohl dem interessierten Laien als auch Studierenden der Literaturwissenschaft einen ersten Zugang zur Gattung Tragödie bieten soll.

Mein besonderer Dank gilt dem Alfred Kröner Verlag in Stuttgart, insbesondere Frau Dr. Julia Aparicio Vogl und Herrn Alfred Klemm, die mich ermutigt haben, eine Neuauflage meines Büchleins anzupacken, das nun als Vierter im Bund die Neuauflagen der deutschen Übersetzungen des Aischylos, Sophokles und Euripides im Kröner Verlag ergänzt.

Freiburg im Breisgau, im Januar 2018
Bernhard Zimmermann

1. Einleitung

Aristophanes: *Die Frösche*, und die attische Tragödie

Im Jahre 405 v. Chr. wurden in Athen die *Frösche*, eine literaturkritische Komödie des Aristophanes (ca. 450–385 v. Chr.), aufgeführt. Das Stück stellt einen wehmütigen Rückblick auf die große Zeit der attischen Tragödie dar und markiert gleichsam den Endpunkt dieser Epoche. Dionysos, der Gott des Theaters, macht sich in die Unterwelt auf, um den im Jahr zuvor verstorbenen Euripides nach Athen zurückzuholen, da er sich vor Sehnsucht nach dem großen Dichter verzehre. Denn nachdem kurz nach Euripides auch Sophokles verstorben sei, sei die tragische Bühne völlig verwaist. »Die guten Dichter leben nicht mehr, und die noch leben, sind einfach schlecht« (V. 72); sie seien nicht in der Lage, ein einziges »edles Wort« hervorzubringen (V. 96f.) – so die Begründung des Theatergottes für seinen Unterweltsgang. Nach einer Reihe burlesker Abenteuer endlich am Palast des Unterweltsgottes Pluton angelangt, erfährt Dionysos, dass zwischen Aischylos, der seit Langem, seit seinem Tod im Jahre 456, im Hades den Thron der tragischen Muse innehabe, und dem Neuankömmling Euripides ein heftiger Streit um diese Ehre entbrannt sei. Sophokles dagegen erhebe keinen Anspruch auf den Ehrenplatz, sondern überlasse ihn in vornehmer Zurückhaltung Aischylos. Um eine Entscheidung herbeizuführen, veranstaltet Pluton einen Wettkampf (›Agon‹) zwischen Euripides und Aischylos, in dem beide Kostproben ihrer Kunst geben. Dionysos, dem die Schiedsrichterrolle zufällt, kann aufgrund ästhetischer Erwägungen keine Entscheidung treffen. Erst die Überprüfung des politischen Sachverstandes der beiden Tragiker und des didaktischen Nutzens, den ihre Stücke für die Allgemeinheit haben, lässt Aischylos als Sieger aus dem Streit hervorgehen. In einer feierlichen Prozession wird er zurück in die Oberwelt geleitet, um durch seinen Rat Athen in der

Krisensituation angesichts der bevorstehenden Niederlage gegen Sparta im Peloponnesischen Krieg (431–404 v. Chr.) und der Zwistigkeiten im Innern der Stadt zu nützen.

Die Skizzierung des Handlungsablaufs der *Frösche* bringt mehrere Punkte zum Vorschein, die für das Verständnis der attischen Tragödie unerlässlich sind: die Beziehung des Gottes Dionysos zum Theater, zu Komödien- und Tragödienaufführungen, die Verflechtung von Politik, Religion und Kunst im Athen des 5. Jahrhunderts, das ›agonale‹ Element von dramatischen Aufführungen, wie es sich im Streit zwischen Aischylos und Euripides und in Dionysos' Schiedsrichterrolle widerspiegelt, und schließlich die Kanonisierung der Gattung ›Tragödie‹ auf drei Namen: Aischylos, Sophokles und Euripides.

Überlieferung der griechischen Tragödie

Die Tatsache, dass von der enormen Zahl an Stücken, die von den ungefähr 200 namentlich bekannten Tragödiendichtern verfasst wurden, nur kärgliche Reste erhalten sind und wir von den 70 bis 90 Tragödien des Aischylos und 113 des Sophokles je sieben und von den wohl ca. 90 des Euripides 19 vollständig besitzen, ist das Ergebnis eines jahrhundertelangen Überlieferungs- und Selektionsprozesses.

Wiederaufführungen von Tragödien des 5. Jahrhunderts nach dem Jahr 386, als das Volk von Athen per Gesetz die bis dahin gültige Regel der Einmaligkeit der Aufführungen aufhob (dazu siehe S. 20), brachten es mit sich, dass Regisseure und Schauspieler die Texte bearbeiteten und sie den Erfordernissen der jeweiligen Inszenierung und dem Geschmack ihres Publikums anpassten. Dies hätte unweigerlich zu einer völligen Durchwucherung der klassischen Tragödien durch Zusätze und Änderungen (›Interpolationen‹) geführt, wenn nicht im Jahre 330 der Redner und Politiker Lykurgos einen offiziellen, verbindlichen Text der drei Tragiker hätte herstellen lassen, an den die Schauspieler ihre Handexemplare anzugleichen hatten.

In der Folgezeit befasste man sich mit den Tragikertexten wie mit der griechischen Literatur überhaupt in dem kulturellen Zentrum der hellenistischen Zeit, im ägyptischen Alexandria. Die Diadochen, die Nachfolger Alexanders des Großen, setzten die Bewahrung des literarischen Erbes als probates Mittel der Politik ein. So beriefen die Ptolemäer nach der Gründung des Museions, der großen Bibliothek und Forschungseinrichtung, die größten Gelehrten und Dichter nach Alexandria, in das Zentrum ihrer Macht, um in diesem Wissens- und Traditionsspeicher zum Ruhm ihrer Förderer ihrer Arbeit nachzugehen. Die Bemühungen dieser Philologen und Dichter waren darauf gerichtet, möglichst alle greifbaren Texte zusammenzutragen, sie mit den Methoden der von ihnen entwickelten Textkritik wissenschaftlich zu edieren und in sprachlichen und sachbezogenen Kommentaren (›Scholien‹) und Einleitungen (›Hypothéseis‹) den zeitgenössischen Lesern verständlich zu machen. Mit den Tragikern befassten sich Alexander von Aitolien (ca. 1. Hälfte des 3. Jh. v. Chr.) und Aristophanes von Byzanz (ca. 257–180 v. Chr.). Bereits in dieser Phase lässt sich eine erste Selektion der erhaltenen Texte feststellen. In der Kommentierung scheinen die alexandrinischen Gelehrten eine Auswahl getroffen zu haben, die die zu ihrer Zeit beliebten Stücke enthielt. Als Grundlage dieser Tragikerausgabe diente das athenische Staatsexemplar, das die Alexandriner gegen eine ungeheure Summe als Pfand ausgeliehen und nicht mehr zurückgegeben hatten.

Dieser im 3. Jahrhundert v. Chr. feststellbare Selektionsprozess setzte sich in der römischen Kaiserzeit fort. Maßgeblich waren hier die Bedürfnisse des Schulunterrichts. Die kaiserzeitlichen Philologen reduzierten die Werke der tragischen Trias auf je sieben Stücke des Aischylos und des Sophokles und zehn des Euripides. Die neun zusätzlichen Tragödien des Euripides, die nicht mit einem Kommentar versehen sind, verdanken wir einem glücklichen Zufall der Überlieferung: Sie sind Bestandteil einer alphabetischen Gesamtausgabe (*Helena, Elektra, Herakliden, Herakles, Hiketiden, Iphigenie in Aulis, Iphigenie bei den Taurern, Ion, Kyklops*), die in einer privaten Sammlung die Zeiten überdauerte und später zusammen mit den anderen zehn Tragödien in eine Handschrift übertragen wurde.

In der Folgezeit kam zu den bisherigen kulturellen Zentren mit Konstantinopel, ab 330 n. Chr. Hauptstadt des römischen Reiches, ein weiterer Mittelpunkt hinzu. Durch einen Erlass des Kaisers Valens (372 n. Chr.) sollten sich hier sieben Schreiber – vier griechische und drei lateinische – um den Bestand der kaiserlichen Bibliothek kümmern und vor allem sich der Umschrift der auf Papyrusrollen festgehaltenen Texte in Pergamentcodices annehmen. Diese bibliothekarische Maßnahme war wohl aus mehreren Gründen erforderlich geworden: Das aus Tierhäuten gewonnene Pergament war zwar bedeutend teurer als Papyrus, jedoch auch bei Weitem haltbarer als das aus den Fasern des Schilfrohrs hergestellte ›Papier‹. Außerdem dürften die Wirren der Völkerwanderungszeit die Papyruslieferungen aus Ägypten mehr oder weniger zum Erliegen gebracht haben, und schließlich hat vermutlich auch das zur Staatsreligion erhobene Christentum maßgeblich zur Einführung von Codices, also Büchern, beigetragen, da die in der Liturgie erforderliche Lektüre verschiedener neu- und alttestamentarischer Bibelstellen ein ständiges Hin- und Herblättern bedingt, was in einem Buch, im Gegensatz zu Papyrusrollen, ohne Schwierigkeiten möglich ist. Diese mit großem Aufwand verbundenen Aktivitäten trugen – wie später im 9. Jahrhundert die Umschrift von Majuskel- in Minuskel-Ausgaben, von in Großbuchstaben geschriebenen Texten in die in dieser Zeit übliche Kleinschrift – wesentlich zur Ausdünnung des Textbestandes bei, da man sich bei den Umschriften ganz pragmatisch an den Lesebedürfnissen der Zeit orientierte.

Zwei politische Ereignisse, die für die Überlieferung der heidnischen antiken Literatur verheerende Folgen hatten, dürfen nicht vergessen werden: In der kulturfeindlichen Zeit des ›Bilderstreits‹ und ›Bildersturms‹ in Byzanz (726–842) erlahmte das Interesse an der paganen Literatur und in der Folge verschwanden viele Autoren, darunter der Komödiendichter Menander, aus der Überlieferung. Der byzantinische Patriarch Photios (ca. 810–897) versuchte im 9. Jahrhundert zu retten, was zu retten war. Er ließ Abschriften der erhaltenen Texte in der Minuskelschrift anfertigen, exzerpierte die Fülle der ihm immer noch zur Verfügung stehenden Texte und veröffentlichte diese Zusammenfassungen in seinem Werk *Bibliothéke*. Schließlich legte er ein Lexikon der für seine Zeitgenossen bereits schwer verständlichen Wörter an, dessen Hauptquelle vorwiegend die Komödie des 5. Jahrhunderts v. Chr. war. Eine weitere wichtige Quelle für heute nicht erhaltene griechische Literatur, insbesondere für die Komödie, ist das byzantinische enzyklopädische Lexikon *Suda* aus der Mitte des 10. Jahrhunderts.

Dieser vorübergehenden Blüte der Beschäftigung mit der antiken Literatur setzten die Zerstörung Konstantinopels durch die Kreuzritter im Jahre 1204 und die Wiedereroberung der Stadt unter Kaiser Michael VIII. Palaiologos (1261) ein Ende. Große Textbestände wurden vernichtet. Doch auf diese Phase der Zerstörung folgte eine Renaissance unter der Dynastie der Palaiologen. Philologen wie Maximos Planudes (ca. 1250–1310), Thomas Magister (ca. 1270–1325), Manuel Moschopulos (1265–1315) und Demetrios Triklinios (1280–1340) setzten sich vorwiegend unter textkritischen und metrischen Aspekten mit den drei Tragikern auseinander. Wie die Gelehrten der alexandrinischen und römischen Zeit konzentrierten sie sich auf wenige Stücke, die in der Schule gelesen wurden, auf die sogenannte ›byzantinische Trias‹, auf je drei Stücke des Aischylos (*Prometheus*, *Sieben gegen Theben*, *Perser*), des Sophokles (*Aias*, *Elektra*, *König Oidipus*) und des

Euripides (*Hekabe*, *Orestes*, *Phönizierinnen*). Die Ergebnisse ihrer Forschungen bestimmten wesentlich die Gestaltung der ersten Drucke des 15. und 16. Jahrhunderts und bilden somit das wichtigste Verbindungsglied zwischen Antike und Renaissance.

Kult und Tragödie

Kehren wir zu den *Fröschen* des Aristophanes zurück. Die Tatsache, dass der Gott Dionysos entscheiden soll, welchem der beiden Dichter in der Unterwelt der tragische Thron zusteht, und dass diese Entscheidung letztlich aufgrund einer Frage gefällt wird, die die politischen Zustände Athens betrifft, beleuchtet zwei Punkte, die bei der Interpretation einer griechischen Tragödie des 5. Jahrhunderts immer beachtet werden müssen: die Einbettung der Tragödie (und Komödie) in den Dionysoskult und die enge Verflechtung von öffentlichem Leben und Dichtung, von Polis und Tragödie.

Die institutionelle Einbindung der Tragödie in den Dionysoskult, die Masken, die von den Akteuren während einer Aufführung getragen wurden, die Gattungsbezeichnung *tragodía* (*τραγῳδία*) und einige auffallende Elemente in den Tragödientexten weisen auf vorliterarische Wurzeln der Gattung. Gesang, einfache mimetische Darbietungen und das Tragen von Masken sind mit verschiedenen kultischen Anlässen verbunden. Zwar ist die Bedeutung des Wortes *tragodía* nach wie vor umstritten. Die größte Wahrscheinlichkeit, die Walter Burkert in einem einflussreichen Beitrag ins Spiel brachte, kommt jedoch der Annahme zu, dass man *tragodía* mit ›Gesang‹ (*ᾠδή*) für einen ›Bock‹ (*τράγος*), das heißt: ›Gesang anlässlich eines Bocksopfers‹ wiedergeben kann.

> Die τραγωιδοί sind ursprünglich eine Gruppe maskierter Männer, die das im Frühjahr fällige Bocksopfer vollziehen; sie treten auf mit Klage, Gesang, Vermummung, und dürfen zuletzt den Bock verspeisen. Es ist möglich, daß dieser Brauch in Ikaria

> beheimatet war. Ernst und ›satyrhafte‹ Lustigkeit mögen sich in eigentümlicher Weise durchdrungen haben. Ansätze zu einem Agon, zum Wettstreit verschiedener Gruppen konnten früh schon vorkommen. Die Transformation auf das Niveau hoher Literatur, mit den Formen der Chorlyrik und der Adaptation des heroischen Mythos, bleibt eine einzigartige Leistung, die sich doch auf vorgegebene Elemente gründet: Gebrauch von Masken, Gesang und Tanz auf der θυμέλη, Klage, Flötenmusik, der Name τραγωιδοί, alles vereint in der Grundsituation des Opfers: Der Mensch im Angesicht des Todes. (W. Burkert: »Griechische Tragödie und Opferritual«, in: ders.: *Wilder Ursprung. Opferritual und Mythos bei den Griechen*, Berlin 1990, 26)

Neben diesem dunklen kultischen Ursprung muss man – in der Nachfolge von Aristoteles (*Poetik* c. 4, 1449 a 9–11. 19–21) – eine literarische, ebenfalls im Dionysoskult verankerte Wurzel annehmen:

> Tragödie und Komödie entwickelten sich aus Improvisationen; sie selbst nahm ihren Ursprung von Seiten derer, die den Dithyrambos anstimmten und den Chor anführten, die Komödie von Seiten derer, die die Phallos-Lieder anstimmten und Phallos-Prozessionen anführten, die heute noch in vielen Städten gebräuchlich sind.

Der Zusammenhang der Tragödie mit der chorlyrischen Gattung ›Dithyrambos‹ leuchtet unmittelbar ein. Die chorlyrische Form des Dithyrambos ist dem Gott Dionysos gewidmet und wurde im 5. Jahrhundert in Athen bei denselben Anlässen wie Tragödien und Komödien, an den Dionysosfesten, zur Aufführung gebracht. Aristoteles erkannte mit dem Scharflick des Literaturhistorikers, dass in dem Zusammenspiel von Chorführer und Chor, wie es für die chorlyrischen Formen bezeichnend ist, ein dramatischer Kern verborgen ist. Der Koryphaios, der ›Chorführer‹, stimmt das Lied an und gibt nicht nur inhaltlich, sondern auch rhythmisch und musikalisch das Thema vor, auf das der Chor einzugehen hat. Bisweilen – wie in einem Chorlied des Bakchylides (*Theseus*), eines Zeitgenossen des Aischylos – kann daraus ein regelrechter Dialog und eine Art Miniaturdrama entstehen. So lag es nahe, die Entwicklung vom Chorlied zum Drama mit der Einführung eines Schauspielers (*ὑποκριτής/hypokrités*, ›Antworter‹) in Verbindung zu bringen, der auf den Chorgesang ›antwortet‹ (*ὑποκρίνεσθαι/hypokrínesthai*). Diese ›Erfindung‹ wurde einem gewissen Thespis zugeschrieben, dessen Historizität umstritten ist. Er soll in den 30er Jahren des 6. Jahrhunderts zur Zeit der Tyrannis des Peisistratos die erste Tragödie aufgeführt haben.

Weshalb sich Tragödie, Satyrspiel und Komödie gerade im Dionysoskult ausbildeten und in ihm ihre Blüte erlebten, kann allerdings nicht allein durch die Verbindung von Chorgesang und -tanz mit Opfern erklärt werden. Entscheidend für die Genese dramatischer Formen wird vielmehr die Tatsache gewesen sein, dass Dionysos wie Demeter in Mysterien verehrt wurde, und gerade Mysterienkulte, insbesondere die Einweihungsriten und die damit verbundenen Tänze, in denen sich die Gruppe der ekstatisch Tanzenden mit dem Gott verbindet, ein mimetisch-dramatisches Potential aufweisen.

Nun ist es allerdings so, dass mit dem Gott Dionysos verbundene Mythen nicht unbegrenzt zur Verfügung stehen und, wie ein Blick in die erhaltenen Tragödien und Fragmente zeigt, tatsächlich nur einen geringen Teil der Produktion ausmachten. Von den über 600 Tragödien, deren Titel bekannt sind, spielt nur in etwa fünf Prozent der Gott Dionysos eine Rolle. Das sprichwörtliche, in verschiedenen Zusammenhängen zitierte »Das hat doch gar nichts mit Dionysos zu tun!« (*οὐδὲν πρὸς τὸν Διόνυσον*) ist Ausdruck dieser Ratlosigkeit. Die Frage nach dem Dionysischen in der Tragödie als einem Prinzip, das unabhängig von Dionysosmythen oder der realen Präsenz des Gottes im Stück – in Gestalt des alten Kultbildes (*brétas*) wohnte der Gott den Aufführungen ohnehin bei – die Dramen bestimmt, trieb nach Friedrich Nietzsches 1872 publizierter Schrift *Die Geburt der Tragödie aus dem Geiste der Musik* die Forschung um. Nietzsches Abhandlung, die als eine radikale Antwort auf das Griechenlandbild der Weimarer Klassik gelesen werden muss und die das Dionysische und das Apollinische als Kunstprinzipien kreiert, ebnete den meisten, noch heute kontrovers diskutierten Fragestellungen der Tragödienforschung den Weg. Die Suche nach dem Ursprung der dramatischen Gattungen in Kult und Ritus erhielt vor dem Hintergrund von Nietzsches Gedanken neue Aktualität. Als Folge der Ursprungsdiskussion stellte sich die Frage, ob die Tragödie nicht nur in einem kultischen Rahmen institutionell verankert war, sondern ob sie selbst als Ritual zu sehen sei.

Obwohl wir wohl weit davon entfernt sind, von einer *communis opinio* sprechen zu können, scheint sich in den letzten Jahrzehnten die Auffassung durchgesetzt zu haben, dass das Dionysische der Tragödie in Strukturen (*ritual patterns*) zu suchen ist, die den Stücken zugrunde liegen und die durch Anspielungen auf den Dionysoskult auf der sprachlichen Ebene, vor allem durch Metaphern, und dadurch, dass Personen in irgendeiner Weise mit dem dionysischen Bereich in Verbindung gebracht werden, sichtbar gemacht oder verstärkt werden. So werden in der Nachfolge der französischen Strukturalisten bestimmte Elemente der dramatischen Handlung wie Initiation, Opferhandlungen oder das Sündenbockritual auf den Dionysoskult zurückgeführt. Die Dionysos eigene Ambivalenz hat nach dem anthropologischen Strukturalismus ihre Spuren in bipolaren Spannungen in den Stücken hinterlassen, in den Gegensätzen männlich – weiblich, jung – alt, gesund – krank, Einzelner – Gesellschaft, Familienverband – Staat, (sozial) hoch – niedrig, draußen – drinnen, wild – zivilisiert, Gott – Mensch, um nur einiges zu nennen. Transgressionen dieser Gegensätze sind wesentlich für die Tragödie: Die Geschlechtergrenzen werden aufgehoben, das Inzestverbot wird brüchig, die Tötungshemmung fällt, besonders in der Form des pervertierten Opfers, Mächtige stürzen aus den Höhen der Macht. Das Durchbrechen der unverrückbar scheinenden Grenzen wird dabei als krisenhaft für das Individuum und die Gemeinschaft dargestellt. Auffallend ist, dass Dionysos in Chorliedern des Sophokles an entscheidenden Wendepunkten der Handlung angerufen wird (*Antigone*, V. 1140–1154, *König Oidipus*, V. 1105–1109), an denen sich die Krise zur Katastrophe auswächst und die Tragik im Sinne des Umschlagens des eigentlich Gewollten in sein Gegenteil aufscheint.

Dass die Tragödien des 5. Jahrhunderts voller ritueller Handlungen sind, ist auf den ersten Blick ersichtlich: Opfer, Prozessionen und Bestattungs- und Hikesierituale (›Bitte‹, vor allem um Gewährung von Asyl), Totenbeschwörungen, Verwünschungen und Segnungen, Kultlieder wie Päane (Hymnen zu Ehren Apollons), Dithyramben, Threnoi (›Klagegesänge‹) oder Hymenäen (›Hochzeitslieder‹) sind wesentliche Bestandteile der Stücke. Eine Gemeinsamkeit zwischen rituellen Handlungen und dem Drama ist der mimetisch-performative Charakter: die Symbolhaltigkeit, das Rollenspiel und die Riten wie Dramen eigentümlichen Ersatzhandlungen, das ›als ob‹, das Ritus und Drama verbindet. Es handelt sich bei den in den Tragödien gespielten Riten indes keinesfalls um getreue Abbilder religiöser Praktiken, sondern um in die dramatische Handlung eingefügte, diese in ihrem Ablauf oft bestimmende Verfremdungen ritueller Handlungen. Der rituelle Kern bleibt jedoch in diesen verfremdeten Dramatisierungen erhalten; ja, er muss erhalten bleiben, damit der Bezugspunkt im realen, religiösen Leben der Polis ersichtlich ist. Die rituellen Elemente in den Tragödien sollten gleichsam als szenische Metaphern verstanden werden, die auf mehreren Ebenen wirksam sind: in der Sprache, in der Musik und im Tanz und natürlich in der Inszenierung. Man könnte also nicht ohne Grund von einer synästhetischen Dimension des Ritus in der Tragödie sprechen: Aus kultischen Kontexten stammende Signalwörter und rhythmisch-musikalische sowie choreographische Anklänge fungieren als Brücken zwischen der tragischen und der realen Welt. Die Tragödienhandlung, die in einer mythischen, von der Erfahrung des Zuschauers weit entfernten, unbestimmten vergangenen Zeit spielt, wird durch diese Brücken für einen Moment in die Gegenwart hineingeholt, um dann wieder in der Vergangenheit zu versinken. Dieses Wechselspiel zwischen Distanz und Nähe hat zur Folge, dass das Bühnengeschehen stets als aktuell, als das Leben und die Erfahrung jedes einzelnen Zuschauers angehend betrachtet werden kann, was wiederum nicht unerheblich für die Bewertung der politischen Funktion der Tragödie ist.

Dass in der Anfangsphase der tragischen Gattung nach 500 v. Chr. das Satyrspiel als abschließendes Stück nach drei Tragödien eingeführt wurde – die ›Erfindung‹ wird einem gewissen Pratinas aus Phleius in der nördlichen Peloponnes zugeschrieben –, mag auch als Zeichen für die angesprochene Wahrnehmung der schwindenden Präsenz des Dionysischen verstanden werden, da es ganz und gar mit dem Dionysoskult verbunden ist. Das Satyrspiel, das gleichsam als heiterer, versöhnlicher Ausklang auf die Erschütterung durch die drei Tragödien folgte, bevorzugt stereotype Handlungskonstellationen – soweit man das aus dem leider nicht sehr umfangreichen Material schließen kann; nur Euripides' *Kyklops* ist vollständig erhalten, und von Aischylos' *Netzfischern* und Sophokles' *Spürhunden* besitzen wir umfangreiche Fragmente. Die *dramatis personae* des Satyrspiels zerfallen in zwei Gruppen, in den Chor der Satyrn und den Silen auf der einen sowie in die aus Tragödie und Mythos bekannten Götter und Helden auf der anderen Seite. Die Satyrn gehören zum Gefolge des Dionysos; sie sind mit einem Pferdeschwanz und einem erigierten Phallos ausgestattet. Angeführt werden sie von ihrem Vater (Pappo-)Silenos, dem die Tierattribute fehlen. Ihrer Natur nach sind sie zugleich ängstlich und neugierig, prahlerisch und unterwürfig. Im Gegensatz zu diesen wilden Wesen stehen die Götter und Heroen, Odysseus im *Kyklops* des Euripides, Apollon, Hermes und die Bergnymphe Kyllene in den *Spürhunden* des Sophokles. Ein besonderer Reiz des Satyrspiels liegt in dem Aufeinanderprallen dieser beiden Welten, der Welt der Tragödie, der der Stoff des Stücks entnommen ist und der ein Teil der handelnden Personen angehört, und der unheroischen, animalischen Welt der Satyrn. Beliebt ist im Satyrspiel die Person des Bösewichts (Polyphem im *Kyklops*), in dessen Gewalt sich die Satyrn befinden, bis er schließlich von einem listigeren oder stärkeren Helden überwunden wird (Odysseus im *Kyklops*) und die Satyrn, aus ihrer Gefangenschaft befreit, zu ihrem Herrn Dionysos zurückkehren können. Eine besondere Vorliebe zeigt das Satyrspiel, der Natur dieser Wesen angemessen, für erotische Stoffe und für die Schilderung kulinarischer Genüsse, für Themen also, die eng mit dem Dionysoskult verbunden sind.

Eine Besonderheit, die die klassische Tragödie und Komödie von den dramatischen Gattungen späterer Zeit unterscheidet, hat ebenfalls ihre Wurzeln im Dionysoskult: die Einmaligkeit der Aufführungen. Da die Stücke als geistige Opfer aufgefasst wurden, die die Bürger Athens dem Gott Dionysos darbrachten, konnten diese nur einmal zum selben Anlass aufgeführt werden; Inszenierungen außerhalb Athens waren dagegen durchaus gestattet. Eine Ausnahme bildeten die Stücke des Aischylos, denen nach dem Tod des Dichters im Jahre 456 das Privileg der Wiederaufführung zugesprochen wurde. Dies änderte sich im Jahre 386, als das Volk von Athen beschloss, fortan Wiederaufführungen ›alter Tragödien‹ zuzulassen. Man kann, ohne zu übertreiben, 386 v. Chr. als Epochenjahr der Theatergeschichte bezeichnen: Die Tragödien verloren ihren Opfercharakter, das Theater wurde zu einem Raum ästhetischen Vergnügens.

Politik und Tragödie

Dass sich die Tragödie gerade aus dem Dionysos- und nicht aus dem ebenfalls mit Mysterien verbundenen Demeter- oder Artemiskult entwickelte, lässt sich mit der Religionspolitik der Tyrannen im ausgehenden 7. und 6. Jahrhundert v. Chr.

erklären. Zwei interessante Zeugnisse für Vorformen dramatischer Dichtung finden sich im Geschichtswerk des Herodot (ca. 490/480–424). Der Historiker berichtet (I 23), dass der Dichter Arion am Hofe des Tyrannen Periandros von Korinth (Ende 7. Jh. v. Chr.) als erster Mensch einen Dithyrambos »dichtete, benannte und aufführte«. Das Wort ›benennen‹ (*ὀνομάζειν/onomázein*) könnte darauf verweisen, dass Arion seinen Dichtungen einen Titel gab. An einer anderen Stelle (V 67) erzählt Herodot, dass die Bewohner der in der nördlichen Peloponnes gelegenen Stadt Sikyon nicht den Gott Dionysos, sondern die Leiden ihres Stadtheros Adrastos mit »tragischen Chören« geehrt hätten. Erst der Tyrann Kleisthenes (ebenfalls Ende 7. Jh. v. Chr.) habe aus machtpolitischen Gründen dem lokalen Heros die Ehren entzogen, den Chorgesang dem Gott Dionysos und das im Zusammenhang des Festes dargebrachte Opfer einem von ihm aus Theben eingeführten Heros Melanippos – nach dem Mythos ein Feind des Adrastos – übertragen. Für die Entwicklung der Tragödie ist diese Notiz insofern von Belang, als damit eine politische Wurzel bloßgelegt wird: Ein Tyrann, der seine Macht mit Hilfe des Kultes sichern will, gestaltet einen bereits bestehenden Heroenkult so um, dass dem Gott Dionysos fortan »tragische Chordarbietungen« zum Opfer gebracht werden. Herodot scheint damit Gesänge gemeint zu haben, die eine gewisse Ähnlichkeit mit den ihm bekannten Tragödienchören des 5. Jahrhunderts aufwiesen.

Eine ähnliche Entwicklung lässt sich in Athen in der zweiten Hälfte des 6. Jahrhunderts verfolgen. Vermutlich führte der Tyrann Peisistratos zu Ehren des Gottes Dionysos, dessen Standbild (*βρέτας/brétas*) er aus dem ländlichen, nördlich von Athen an der Grenze zu Böotien gelegenen Ort Eleutheraí nach Athen überführen ließ, entweder das Fest der Städtischen oder der Großen Dionysien neu ein, oder ein älteres Fest wurde von ihm neu organisiert und mit besonderem Glanz versehen. Der Grund für die Stiftung oder Reform des

Dionysosfestes war vorwiegend politischer Natur: Durch das glanzvolle, mehrtägige Fest machte der Tyrann Athen zum religiösen Zentrum Attikas und verminderte dadurch den Einfluss der lokalen Kulte seiner adligen Rivalen. Dass Peisistratos das Fest dem Gott Dionysos widmete, lässt sich – wie im Falle des Kleisthenes von Sikyon – mit einem politischen Kalkül des Tyrannen erklären: Zu Dionysos als dem Gott der Fruchtbarkeit und des Weines hatte besonders die Landbevölkerung, auf die sich vor allem während der ersten Tyrannis (561/560) Peisistratos' Macht stützte, eine enge Beziehung. Auf dem Lande waren Dionysos zu Ehren immer schon die Ländlichen Dionysien gefeiert worden, ein ausgelassenes, derbes Fest mit einer phallischen Prozession und Belustigungen wie Sackhüpfen. Außerdem wurden durch die Pracht des Festes gegenüber der städtischen Bevölkerung, auf die Peisistratos in der letzten Zeit seiner Herrschaft baute (546–527), die Bedeutung und die Vormachtstellung des Tyrannen vor den anderen Adligen herausgestrichen.

Dieser politische Hintergrund der Dionysien macht es verständlich, dass sie im demokratischen Athen des 5. Jahrhunderts zu *dem* Fest des athenischen Volkes werden konnten, wobei der Glanz der mehrtägigen Feierlichkeiten zur Selbstrepräsentation gegenüber den abhängigen Verbündeten benutzt wurde, die sich im Theater befanden. Die Dionysien waren mit symbolischen Handlungen ausgestattet, die im Innern das Gemeinsamkeitsgefühl des Demos stärkten und nach außen die Macht Athens deutlich machten: Nach der rituellen Reinigung des Theaters und der von den zehn Strategen dargebrachten Weinspende gab ein Herold die Namen verdienter Bürger und Wohltäter der Polis bekannt, die mit einer goldenen Krone ausgezeichnet wurden. Als Zeichen attischer Macht und attischen Reichtums wurden bis zum Zusammenbruch Athens im Jahre 404 die Tribute der Bundesgenossen, deren Abgesandte im Theater saßen, in der Orchestra ausgestellt. Die Söhne der Kriegsgefallenen wurden von der

Polis mit einer Rüstung geehrt und durften als Zeichen besonderer Auszeichnung in der ersten Reihe, der Prohedrie, Platz nehmen. Schließlich wurden die Schiedsrichter bestimmt, die die Entscheidungen in den dramatischen Wettbewerben zu treffen hatten. Es ist schlecht vorstellbar, dass all diese politischen Aktionen keinen Einfluss auf die Rezeption der nachfolgenden Tragödienaufführungen hatten.

Organisation dramatischer Aufführungen in Athen

Ausgerichtet wurden die Großen Dionysien, die im Frühling im attischen Monat Elaphebolión (März/April) stattfanden, von der Polis, der Stadt Athen. Verantwortlich für die Organisation war der Archon *epónymos*, der höchste Staatsbeamte, der dem Jahr seinen Namen gab (also z.B. ›unter Kallias‹, d.h. ›in dem Jahr, als Kallias Archon war‹). Er wählte aus den Dichtern, die je vier Stücke (Tetralogie), drei Tragödien (Trilogie) und ein Satyrspiel, einreichten, drei aus. Die Kosten für die Aufführung wurden in einer Art von indirekter Besteuerung (›Leiturgie‹) wohlhabenden Athenern auferlegt (›Choregie‹). In der Zeit bis zur Aufführung oblag es den Dichtern, die sich in der Regel wohl jedes zweite oder dritte Jahr ›um einen Chor‹, d.h. um das Aufführungsrecht bewarben (*χορὸν αἰτεῖσθαι/chorón aiteísthai*), die Stücke mit den professionellen Schauspielern und dem Laienchor, der zunächst aus zwölf, ab Mitte des 5. Jahrhunderts aus 15 athenischen Bürgern bestand, einzuüben. Nach welchen Kriterien der Beamte das Aufführungsrecht vergab (*χορὸν διδόναι/chorón didónai*), ist nicht bekannt. Sicherlich spielten Bekanntheit und Beliebtheit des Dichters eine Rolle; aber auch die politische Vernetzung der Tragiker und Komiker dürfte nicht unwesentlich gewesen sein. Die offizielle Terminologie, ›einen Chor für sich verlangen‹ und ›einen Chor erteilen‹, verweist nachdrücklich darauf, dass im 5. Jahrhundert die dramatischen Formen als chorische Gattungen verstanden wurden.

Der Ablauf der Großen Dionysien lässt sich bei aller Unsicherheit etwa folgendermaßen rekonstruieren: Am 8. Elaphebolión fand der Proágon, der ›Vorwettkampf‹, statt, ab 440 in dem von Perikles an der Flanke des Dionysostheaters errichteten Odeíon (›Gesangshalle‹, ›Auditorium‹). Die Dichter präsentierten zusammen mit den Schauspielern und dem Chor, die bekränzt, aber ohne Masken auftraten, ihre Stücke. Der Proagon, also das, was vor dem eigentlichen Wettkampf (›Agon‹) der Dichter und Chöre stattfand, hatte die Funktion eines Theaterprogramms. Die Nennung des Titels lenkte die Erwartung der Zuschauer in eine bestimmte Richtung: Bei der Tragödie konnte, wenn das Stück nach einem Protagonisten wie Oidipus oder Agamemnon benannt war, die Handlung in groben Zügen erahnt werden. Titel wie die *Phönizierinnen* des Euripides zeigen jedoch, dass die Dichter Titel auch bewusst zur Irreführung der Publikumserwartung einsetzten. Bei dem Titel *Phönizierinnen* konnte der Zuschauer kaum erahnen, dass die Tragödie das Schicksal der Oidipus-Söhne Eteokles und Polyneikes behandelt; vielmehr lag es nahe, an ein Stück des Phrynichos zu denken, eines älteren Zeitgenossen des Aischylos, der in seinen *Phönizierinnen* des Jahres 476 die Niederlage der Perser bei Salamis (480) aus Sicht der Unterlegenen darstellte. Zudem konnte sich das Publikum nach Einführung des Schauspieleragons (ca. 449 für die Tragödie und zwischen 440 und 430 für die Komödie) ein Bild davon machen, in welchen Stücken welche Schauspieler auftraten.

Am 8. oder 9. Elaphebolión wurde das alte Kultbild (*βρέτας/brétas*) des Dionysos, mit Efeu bekränzt, aus dem Dionysostempel in die außerhalb der Stadtmauern an der Straße nach der Ortschaft Eleutheraí gelegene Grotte der Akademie und in einem Fackelzug zurück in den Tempel gebracht (*εἰσαγωγή/eisagogé*, ›Einführung‹). Mit der Prozession wiederholte man den Gründungsakt des Festes, das Dionysos Eleuthereús (›Dionysos aus dem Dorf Eleutheraí‹) geweiht war, verband symbolisch Stadt und Land und unterstrich den Herrschaftsanspruch Athens über das Land, vor allem die Grenzgebiete wie eben Eleutheraí.

Offiziell begann das Dionysosfest am 10. Elaphebolión mit einer Prozession (*πομπή/pompé*) vom Dípylon – dem zum Kerameikos, zum Töpferviertel und zur Begräbnisstätte Athens führenden Tor – zum heiligen Hain (*τέμενος/témenos*) des Dionysos am Südhang der Akropolis. Der prächtige Zug stellte in seiner Zusammensetzung einen Querschnitt durch die Bürgerschaft dar und betonte durch die mitgeführten Utensilien, vor allem durch die Weinschläuche und den von Epheben, jungen Männern, geleiteten Bullen, aber auch durch hölzerne Phalloi, den dionysischen Charakter.

Im Anschluss daran fand die als Wettkampf der zehn demokratischen Verwaltungseinheiten (Phylen) organisierte Aufführung von Dithyramben, von dem Gott Dionysos geweihten Chorliedern, statt. Zweimal zehn aus jeweils 50 Sängern bestehende Chöre – zehn Epheben- und zehn Männerchöre – traten gegeneinander an. Allein die schiere Größe der Chöre und die Tatsache, dass als Sieger nicht der Dichter, sondern die Phyle ausgerufen wurde, zeigen den eminent politischen Charakter des Dithyramben-Agons, in dem die demokratische Polis, vertreten durch ihre Phylen, im ›Lied der Polis‹ sich selbst feierte. Dem Dithyramben-Agon kam eine im höchsten Maße politische Funktion zu. Ein Kernstück der Reformen des Kleisthenes, mit denen er um 510 v. Chr. die Demokratie in Athen eingeführt hatte, war die Zerschlagung der alten vier Phylen gewesen, die er durch zehn neue, gleichsam am Reißbrett entworfene Verwaltungseinheiten ersetzt hatte, wobei er bewusst keine Rücksicht auf gewachsene Strukturen genommen hatte. Der Wettstreit der Phylen im Dithyramben-Agon, der Probezeiten im Vorfeld voraussetzte und im Falle eines Sieges die Ehrung der gesamten Phyle mit sich brachte, diente der Schaffung und Stärkung eines Zusammengehörigkeitsgefühls innerhalb der neuen demokratischen Einheit.

Bis zu diesem Zeitpunkt stellten die Großen Dionysien ein zwar prunkvolles, aber in der Verbindung von Riten und Chorliedern ›normales‹ Götterfest dar. Die Abfolge und die Anzahl der den Dramen gewidmeten Tage, durch die sich die Dionysien in besonderem Maße von anderen Festen unterschieden, ist in der Forschung umstritten. *Communis opinio* war bis vor wenigen Jahren, dass vor und nach dem Peloponnesischen Krieg (431–404 v. Chr.) am 11. Elaphebolión, nachdem 486 v. Chr. die Komödie offizieller Bestandteil des Festprogramms geworden war, fünf Komödien und vom 12.–14. Elaphebolión je eine tragische Tetralogie aufgeführt wurden. Es wäre aber auch möglich, dass am ersten Tag der dithyrambische Epheben-Agon, am zweiten der dithyrambische Agon der Männerchöre und am dritten bis fünften Tag der Wettstreit der Tragiker stattfand und jeder Tag durch eine Komödie abgeschlossen wurde. Teilweise wird in der Forschung angenommen, dass in den Krisenjahren des Peloponnesischen Krieges nur drei Komödien als Abschluss der tragischen Tage aufgeführt wurden.

Die Platzierung der Komödien im Ablauf des Festes hat, was in der Forschung häufig ausgeblendet wird, beträchtliche Folgen für unseren Blick auf das Rezeptionsverhalten des Publikums, denn es führt jeweils zu einer völlig unterschiedlichen Rezeption, wenn man von fünf Komödien hintereinander oder von einer Komödie als Abschluss nach drei Tragödien und einem Satyrspiel oder nach zehn Dithyramben ausgeht – und zwar nicht nur in Bezug auf die Aufnahme der Komödien, sondern auch der vorangehenden Stücke.

Wie die Darbietungen der Dithyramben am ersten Tag der Dionysien waren auch die Komödien- und Tragödienaufführungen als Agon, als Wettstreit der Dichter organisiert. Die bezüglich ihres Zustandekommens in der Forschung immer noch umstrittene Entscheidung über die Platzierung oblag einem in einem aufwendigen Prozess gewählten Schiedsrichtergremium, bestehend aus zehn Männern, so dass jede der zehn Phylen durch einen Abgeordneten an der Entscheidung beteiligt war.

In der Forschung war heftig umstritten, ob auch Frauen die Teilnahme an den Theateraufführungen gestattet war. Als *communis opinio* galt lange Zeit, dass im 5. Jahrhundert Frauen nicht zugelassen waren. Inzwischen deutet sich ein Meinungsumschwung an und man nimmt eher an, dass Frauen im Theater anwesend waren. Diese Auffassung lässt sich durch den kultischen Charakter des Festes stützen. Frauen nahmen an der das Fest eröffnenden Pompé teil, und es ist kaum vorstellbar, dass sie danach von dem Fest ausgeschlossen wurden.

Neben den Großen Dionysien spielten die anderen Feste des dionysischen winterlichen Festzyklus eine Nebenrolle. Dramenaufführungen sind an den Ländlichen Dionysien für die größeren attischen Demen (›Ortschaften‹, ›Dörfer‹) belegt. Offensichtlich, nach einer ironischen Bemerkung in Platons *Staat* zu schließen (475d), stimmten die Demen das Datum der Feste untereinander ab, so dass ein regelrechter ›Festspieltourismus‹ möglich war. Dramatische Aufführungen fanden wie in der Stadt in agonaler Form statt. Über die Zahl der Stücke ist nichts bekannt. ›Synchoregie‹, d.h. die Teilung der Kosten einer Choregie, war, nach den Inschriften zu schließen, möglich.

Ebenfalls wenig ist über die Lenäen bekannt, deren Leitung der Archon Basileús innehatte. Erwähnenswert ist, dass Sophokles offensichtlich gern an diesem Fest antrat und ein Viertel seiner Siege bei den Lenäen errang. Zwischen 440 und 430 wurden Dramen, zunächst Komödien, dann Tragödien, Bestandteil des älteren Dionysosfestes. Bis 284 wurden – mit Ausnahme der Zeit des Peloponnesischen Krieges – an den Lenäen fünf Komödien aufgeführt, während die Tragiker mit nur zwei Stücken zum Agon antraten. Die Lenäen waren das weniger renommierte Fest, vor allem weil zum Zeitpunkt des Festes im Februar eine geregelte Seefahrt noch nicht möglich war, es also kein ›internationales‹ Publikum gab, sondern die Athener ganz ›unter sich waren‹, wie Aristophanes in seiner Komödie *Die Acharner* (V. 503f.) schreibt. Dramatische Aufführungen an den Anthesterien, dem ›Blütenfest‹ im Frühjahr ebenfalls zu Ehren des Dionysos, waren aller Wahrscheinlichkeit nach eines spätes Phänomen des ausgehenden 4. Jahrhunderts v. Chr.

Aufführungsbedingungen

Neben der agonalen Situation, in der Dramen zur Aufführung gelangten, müssen die Bedingungen des attischen Theaters als ein Element angesehen werden, das die Entwicklung der Gattung erheblich vorantrieb. Die Spielstätte, das am Südhang der Akropolis gelegene Dionysostheater in Athen, bestand seit den 50er Jahren des 5. Jahrhunderts aus einer leicht erhöhten Bühne (›Skené‹), auf der vor einem Hintergrund mit bis zu drei Türen die Schauspieler agierten, und der ›Orchestra‹, dem ›Tanzplatz‹, auf der der Chor sang und tanzte. Diese schlichte Anlage bot keine großen Möglichkeiten, eine realistische Szenerie zu gestalten. Ebenso verboten die zwei Theatermaschinen der attischen Bühne eine realistische Deutung der Aufführungen des 5. Jahrhunderts. Das ›Ekkyklema‹, ein kleiner, aus den Türen des Bühnenhintergrunds herausfahrbarer Wagen, diente dazu, Interieurs gleichsam als Tableaus darzustellen. Am Kran (›Géranos‹ oder ›Mechané‹) schwebend erschien der vor allem bei Euripides beliebte *deus ex machina*, der ›Maschinengott‹, der Ordnung in das von den Menschen geschaffene Chaos zu bringen pflegte. Die Masken schließlich, die von den Schauspielern getragen wurden, verhinderten natürlich die Wiedergabe irgendwelcher Gefühlsregungen durch die Mimik. So kam es allein auf die beschwörende Kraft des dichterischen Wortes an, das dem Publikum die Emotionen der handelnden Personen nahebrachte und das vor dem inneren Auge der Zuschauer die erforderliche

Kulisse entstehen ließ. Es ist dies ein Verfahren, das Eric W. Handley (*The Dyskolos of Menander*, London 1965, 23) treffend als »verbal scene painting«, als ›verbale Bühnenmalerei‹, bezeichnet hat.

Jede Rekonstruktion einer Inszenierung auf der Basis der Texte des Aischylos, Sophokles und Euripides birgt eine Vielzahl von Problemen in sich und dahingehende Versuche sind dementsprechend in der Forschung umstritten. Die folgende szenische Interpretation der Eingangspartie der *Eumeniden* des Aischylos soll deshalb nur ein Vorschlag für eine Inszenierung im Dionysostheater des Jahres 458 v. Chr. sein.

In den ersten Versen (1–33) der Tragödie lässt die Pythia, die delphische Seherin und Priesterin des Gottes Apollon, durch ihr Gebet vor dem geistigen Auge des Zuschauers das Apollonheiligtum zu Delphi erstehen, wie dies später Euripides in der Eröffnungspartie des *Ion* (V. 184ff.) tut. Indem sie ehrfurchtsvoll die alten Muttergottheiten Erde (Gaia) und Themis, die Göttin des Rechts, und Phoibe, die Mutter Letos und Großmutter Apolls, die vor Apollon Delphi besaßen, anruft, bevor sie sich dem jungen Gott und jetzigen Herrn Delphis, Apollon, zuwendet, wird die religiöse Bedeutung des Heiligtums herausgestrichen. Erst durch diese ›verbale Bühnenmalerei‹ erhält der Bühnenhintergrund seine Identität; erst durch die Worte der Pythia wird das Gebäude im Hintergrund, die Bühnenrückwand, zum delphischen Apollontempel, nachdem es in den ersten beiden Stücken der Trilogie, im *Agamemnon* und den *Choëphoren*, den argivischen Königspalast darstellte. Das Bühnenhaus (›Skené‹), das wohl erst in dieser Zeit als rückwärtige Begrenzung der vorher offenen Spielstätte eingeführt wurde, wird mit Bedeutung aufgeladen, wird gleichsam zum Mitspieler.

Die Seherin tritt durch das Tor in den Tempel. Voller Entsetzen wankt sie kurz darauf wieder hinaus. Ja, vor lauter Schrecken kann sie sich nicht auf den Beinen halten; sie kriecht auf allen Vieren (V. 36f.) und schildert, welch grauenhafter Anblick sich ihr im Allerheiligsten bot. Ein junger Mann, ein blutbeflecktes Schwert und einen mit weißer Wolle umhüllten Zweig des Ölbaums als Zeichen des Zuflucht Suchenden in den Händen haltend, umklammert das Allerheiligste, den Erdnabel. Grauenhafte, schwarze Frauengestalten, aus deren Augen eine ekelhafte Flüssigkeit tropft (V. 52ff.), umlagern ihn, schlafend und schnarchend. Die Pythia tritt ab. Aus Furcht begibt sie sich nicht mehr in das Tempelinnere, sondern entfernt sich durch einen aus der Orchestra hinausführenden Seiteneingang (›Eísodos‹). Die Bühne ist leer. Aus dem geöffneten Tor des Tempels rollt das Ekkyklema, das in diesem Fall dazu eingesetzt wird, das Tempelinnere für das Publikum sichtbar zu machen. Auf dem Wagen stehen Orestes und Apollon, der Herr des Tempels, umlagert von einigen der Furien. Diese Szene spricht dafür, dass Aischylos im Jahre 458 v. Chr., als er die *Orestie* aufführte, bereits über diese Bühnenmaschine verfügen konnte, denn es ist schlecht vorstellbar, dass die Zuschauer aus dem großen Rund des Dionysostheaters durch das geöffnete Mitteltor des Bühnenhintergrunds irgendetwas hätten erkennen können. Apollon verspricht seinem Schützling jede erforderliche Hilfe und fordert ihn auf, sich unter dem Schutz seines Bruders, des Götterboten Hermes, nach Athen zu begeben. Dort werde er endlich Erlösung von seinen Qualen finden. Mit großer Wahrscheinlichkeit ist Hermes in dieser Szene nicht zu sehen. Vielmehr muss man die Verse 89ff., in denen Apollon seinen göttlichen Bruder anspricht, wohl so verstehen, dass er Orest dem Schutz des Hermes anvertraut. Orest verlässt die Bühne, Apollon geht durch das Mitteltor in sein Heiligtum zurück. Da ertönt vom Bühnenhintergrund her, aus dem ›hinterszenischen Raum‹, Klytaimestras Stimme, die als Traumbild (V. 115) den schlafenden Erinyen erscheint (und für die Zuschauer nicht zu sehen ist) und sie aufzuschrecken versucht. Die Schreckgestalten stöhnen, ächzen, murmeln im Schlaf; noch im Traum setzen sie wie Jagdhunde ihrem Opfer nach

(V. 130ff.). Allmählich, aufgeschreckt durch Klytaimestra, erwachen sie, schlaftrunken erheben sich die einen, andere torkeln benommen aus dem geöffneten Tempeltor, laut klagend über das Unrecht und die Schmach, die ihnen, den uralten Rachegottheiten, von dem jungen Gott Apoll angetan wurde (V. 141ff.). Apollon duldet die Erinyen nicht in seinem heiligen Bezirk und vertreibt sie (V. 179ff.). Unter heftigen Drohungen verlassen sie die Bühne und die Orchestra durch die Seitengänge (V. 229ff.). Diese in der Inszenierung der griechischen Tragödie seltene und ungewöhnliche Aktion – normalerweise bleibt der Chor nach seinem Einzug bis zum Ende des Stücks in der Orchestra – ist ein Hinweis darauf, dass ein Ortswechsel stattfindet. Nun befinden wir uns in Athen. Bühne und Orchestra sind wie zu Beginn der Tragödie leer. Orest erscheint und umfasst flehend das heilige Standbild Athenas. Durch seine einleitenden Worte wird jetzt aus dem Bühnenhintergrund der Athena-Tempel auf der Akropolis zu Athen, wie zu Beginn des Stückes die Pythia durch ihre Worte den Apollon-Tempel zu Delphi vor dem inneren Auge des Zuschauers entstehen ließ.

Die kurze Skizzierung einer möglichen Inszenierung macht hinreichend deutlich, dass die Tragiker des 5. Jahrhunderts v. Chr. nicht für ein Ausstattungstheater im modernen Sinne schrieben, das in beinahe unbegrenztem Maße über technische Möglichkeiten verfügt. So vermitteln die spärlich eingesetzten Requisiten, deren Verwendung sich in den Texten nachweisen lässt, häufig eine wichtige inhaltliche Aussage. Das bekannteste Beispiel ist der purpurrote Teppich, den Klytaimestra im *Agamemnon* des Aischylos zur Begrüßung ihres heimkehrenden Gatten ausrollen lässt (V. 908ff.). Zunächst weigert sich der Heerführer, den Teppich zu betreten; doch dann geht er, betört durch die Schmeichelreden seiner Frau, auf dem blutroten Teppich in den Palast und in den Tod. Seine Eitelkeit wird ihm zum Verhängnis. Schon bevor er im Bade erschlagen wird, unterliegt der große Sieger von Troja dem Betrug seiner Frau. Der rote Teppich verweist als szenisches Symbol in erster Linie natürlich auf den Mord im Bade; gleichzeitig ist aber die purpurne Farbe des Teppichs Insignie der Könige und Herrscher. Indem Agamemnon nach anfänglichem Zögern schließlich doch den Teppich betritt, macht er sich der Anmaßung, der Hybris, schuldig, die er zunächst vermeiden wollte, um nicht auf der Höhe seines Ruhmes den Zorn der Götter herauszufordern.

Mythos und Tragödie

Vor die größte Herausforderung stellte die Konvention einen athenischen Tragiker des 5. Jahrhunderts bei der inhaltlichen Konzipierung seines Stückes. Das Handlungsgerüst der Tragödien war durch Mythen vorgegeben, durch jene zahlreichen Geschichten, die in der Antike vor allem mit dem Namen Homers und insbesondere den beiden großen, im 7. Jahrhundert v. Chr. entstandenen Epen *Ilias* und *Odyssee* verbunden waren. Mythen sind in der Regel aitiologisch: Sie versuchen in Erzählungen den Ursprung oder die Herkunft von Gebräuchen, von Riten, von Institutionen oder menschlichen Verhaltensweisen zu erklären. Häufig handeln Mythen von krisenhaften Situationen eines Einzelnen oder einer Gemeinschaft; häufig sind diese Krisen mit Grenzüberschreitungen, mit Inzest, Gatten-, Mutter-, Kindermord, mit Menschopfern, Gewalt und Tod verbunden. Diese beiden Grundelemente des Mythos, Aitiologie und Grenzüberschreitung, bestimmen die Handlung der meisten Tragödien. Besonderes Augenmerk richten die Tragiker darauf, welche Auswirkungen Grenzüberschreitungen Einzelner auf das Gemeinwesen haben. In einer Vielzahl von Stücken wird auf der Bühne vorgeführt, wie das Zerbrechen eines ›Hauses‹, eines ›Oikos‹, die Gesamtheit, die Polis, ins Verderben zu reißen droht und wie unter dem Verbrechen Einzelner die Gemeinschaft zu leiden hat. Durch den Bruderzwist zwischen den

Oidipus-Söhnen Eteokles und Polyneikes steht die Stadt Theben am Abgrund. Und zu Beginn des *Agamemnon* wird das Haus, der Oikos, angesprochen (V. 37) – als Ort der Verbrechen des Atridengeschlechts, als ›Menschenschlachthaus‹ (V. 1092) –, das nicht nur für die Nachkommen des Atreus, sondern für das ganze Gemeinwesen Ursprung von Unheil und Verderben ist.

Die Leistung des Dichters bestand demnach nicht in der Erfindung der Fabel; vielmehr galt es, den durch den Mythos vorgegebenen Rahmen, der in seinen wesentlichen Elementen nicht verändert werden durfte, durch Motivation und Charakterisierung, durch das Hervorheben und Verschleiern von Handlungsfäden, durch das Einfügen von Nebenfiguren, kurz gesagt, durch die neue Deutung eines vorgegebenen Stoffes neu zu füllen. So ist es nicht weiter erstaunlich, dass gewisse Mythenkomplexe, wie etwa das Schicksal der Atriden (Agamemon, Elektra, Orest, Iphigenie) und Labdakiden (Oidipus und seine Nachkommen Antigone, Polyneikes und Eteokles), immer wieder behandelt wurden. Der Anreiz für den Dichter bestand gerade darin, in einer Art agonalen Dialogs die Auseinandersetzung mit anderen Bearbeitungen desselben Stoffes – auch über Jahre hinweg wie im Falle der *Elektra*-Dramen – aufzunehmen. Die Spannung des Publikums war folglich nicht auf den Ausgang des Stücks gerichtet, sondern darauf, wie es der Dichter zu dem durch den Mythos vorbestimmten Ende kommen ließ.

Die Zuschauer waren aufgrund ihrer Theatererfahrung, die sie sowohl durch die Mitwirkung bei einer Tragödienaufführung als Mitglied eines Chores (›Choreut‹) als auch durch den Theaterbesuch erworben hatten, dazu in der Lage, das ständige Ringen der Dichter mit den Theaterkonventionen und dem Mythos zu genießen und zu würdigen. Der Dichter seinerseits konnte diese Erfahrung des Publikums für seine Zwecke nutzen, indem er mit der Erwartung der Zuschauer sein Spiel trieb, Handlungen anbahnte oder verzögerte, ja sogar drohte, den Rahmen der Fabel zu durchbrechen, dann aber das Geschehen doch wieder in die Bahn zurücklenkte, die der Mythos forderte.

Struktur

Bei der Konzipierung einer Tragödie musste sich der Dichter nach den am dramatischen Spiel beteiligten Gruppen richten, den Schauspielern und dem Chor. Aus dem Wechsel von Chor- und Schauspielerpartien ergibt sich die typische Struktur der klassischen Tragödie, die Aristoteles im 12. Kapitel der *Poetik* beschreibt. Bei den Chorliedern unterscheidet er zwischen ›Párodos‹ (Einzugslied des Chors) und ›Stásimon‹ (Standlied, d.h. alle Chorlieder nach der Párodos). Durch diese Chorlieder zerfällt der Rest einer Tragödie in ›Prolog‹ (»der ganze Teil der Tragödie vor dem Einzug des Chors«), ›Epeisódion‹ (»ein ganzer Teil der Tragödie zwischen kompletten Chorliedern«) und ›Éxodos‹ (»der ganze Teil der Tragödie nach dem letzten Chorlied«). Der Prolog entfällt natürlich in Stücken, die mit der Párodos beginnen, wie die *Perser* und *Hiketiden* des Aischylos.

Dem Dichter bot sich nun die Möglichkeit, diese Struktur aufzulockern: Er konnte den Chor enger in die dramatische Handlung einbinden, indem er ihn in einen lyrischen Dialog (›Kommós‹ [wörtlich ›Klagegesang‹] oder ›Amoibaíon‹ [›Wechselgesang‹]) mit einem oder mehreren der Schauspieler verwickelte, oder er verlagerte das lyrische Element aus der Orchestra auf die Bühne und ließ die Schauspieler Arien (›Mondien‹) oder Duette singen. Die Struktur einer griechischen Tragödie ist geprägt durch den Wechsel von gesungenen, rezitierten und gesprochenen Partien.

Neben den schematischen Gliederungsprinzipien und der Unterteilung in größere Handlungsblöcke gibt es eine Reihe von stereotypen ›Bauformen‹, die allen drei Tragikern gemeinsam sind. In erster Linie ist hier die ›Anagnórisis‹, die

›Wiedererkennung‹, zu nennen, auf die häufig – nach dem Vorbild der homerischen *Odyssee* – eine Intrige (›Mechánema‹, ›Téchnema‹) folgt. Aristoteles versteht in der *Poetik* (c. 11, 1452a22ff.) darunter den Umschlag von Nichtwissen in Wissen, der dazu führt, dass Freundschaft sich in Feindschaft verkehrt oder Feinde zu Freunden werden. Am wirkungsvollsten ist nach Aristoteles die Spielart, die zugleich mit der Peripetie, dem Handlungsumschwung eines Stückes, eintritt, da eine derartige Anagnórisis im Zuschauer die elementaren Reaktionen Furcht und Mitleid hervorrufen und so zur psychischen Reinigung (›Kátharsis‹) von diesen Affekten führen könne. Auch in dieser Hinsicht erfüllt der *König Oidipus* des Sophokles in höchstem Maße die Anforderungen des Aristoteles. *Locus classicus* der tragischen Anagnórisis ist die Wiedererkennung von Orest und Elektra in den *Choëphoren* des Aischylos (V. 16ff.): Orest, der nach Jahren des Exils in Begleitung seines alten Erziehers und Freundes Pylades in die Heimat Argos zurückkehrt, um Rache für die Ermordung des Vaters zu nehmen, erkennt seine Schwester Elektra, ohne sich ihr jedoch erkennen zu geben. Kurz danach kehrt Elektra vom Grab des Vaters Agamemnon zurück und berichtet den wartenden Mädchen, die den Chor bilden, dass ihr Bruder Orest zurückgekehrt sein müsse, da sie am Grab Weihegaben, Locken und ein Gewand, sowie Fußspuren entdeckt habe, die nur von Orest stammen könnten. Da tritt Orest aus seinem Versteck und gibt sich seiner Schwester zu erkennen (V. 219). Euripides setzt sich mit dieser Anagnórisis in seiner *Elektra* (V. 487ff.) kritisch auseinander: Elektra widerlegt der Reihe nach die Beweiskraft der Indizien, die Aischylos' Elektra zu der Überzeugung bringen, Orest sei zurückgekehrt. Sophokles schließlich gewinnt dem Mythos eine völlig neue Dimension ab, indem er die Wiedererkennung der Geschwister an das Ende des Stücks (V. 1354ff.) verschiebt, so dass Elektra in der Meinung, Orest sei tot, allein sich zur Tat durchringt (V. 947ff.).

Zu den in jeder Tragödie präsenten Bausteinen zählt der Botenbericht. In einer längeren Rede (›Rhésis‹) werden den Bühnenpersonen oder dem Chor hinter- oder außerszenische, vor oder während der dramatischen Handlung geschehene Ereignisse mitgeteilt, die nach den Möglichkeiten oder Konventionen des attischen Theaters nicht darstellbar waren. Die für das moderne Verständnis oftmals langatmigen Ausführungen waren beim athenischen Publikum des 5. Jahrhunderts besonders beliebt, da sie nach allen Regeln der Rhetorik ausgestattet waren und so der Begeisterung der Athener für rhetorische Glanzstücke entgegenkamen. Aischylos pflegt derartige Botenberichte vorwiegend an Stellen im Handlungszusammenhang zu platzieren, an denen auf eine langsam aufgebaute, bange Erwartung die oft bittere, schockierende Gewissheit folgt. Ein Paradebeispiel ist der Bericht des persischen Boten, der dem Chor und der Königin Atossa die Niederlage der Flotte bei Salamis meldet (*Perser*, V. 302ff.). Rhetorische Glanzstücke sind die sieben Reden des Spähers, der in den *Sieben gegen Theben* (V. 375ff.) die sieben angreifenden Heerführer beschreibt. Sophokles setzt Botenberichte vor allem in den Schlussszenen ein, um die Katastrophe zu schildern, die nach den Konventionen des griechischen Theaters auf der Bühne nicht darstellbar war: die Qualen des Herakles, der von dem mit dem unheilbringenden Blut des Kentauren Nessos durchtränkten Gewand gemartert wird, und den Selbstmord Deianeiras in den *Trachinierinnen* (V. 749ff., 899ff.), in der *Antigone* (V. 1192ff.) den Tod Antigones und ihres Verlobten Haimon, im *König Oidipus* (V. 1237ff.) den Selbstmord Iokastes und Oidipus' Selbstblendung, im *Oidipus auf Kolonos* (V. 1586ff.) die Entrückung des greisen Oidipus. Besondere Fälle sind der Trugbericht des Erziehers in der *Elektra* (V. 680ff.), mit dem der Alte der verzweifelten Elektra und der triumphierenden Klytaimestra ausführlich den angeblichen tödlichen Unfall des Orest bei einem Wagenrennen ausmalt, und die Vorwegnahme der kriegerischen Ereignisse in einer Vision des Chores im *Oidipus auf Kolonos* (V. 1044ff.). Wie in der sophokleischen nimmt auch in der euripideischen Tragödie der Katastrophenbericht, besonders die Schilderung grausamer und grausiger Todesfälle, eine bevorzugte Stellung ein. So wird in der *Medea* (V. 1135ff.) der Tod Kreons und seiner Tochter in dem durch Medeas Hochzeitsgeschenk verursachten Feuerinferno, im *Hippolytos* (V. 1173ff.) der tödliche Unfall des Protagonisten, der von seinen eigenen Pferden zu Tode geschleift wird, oder in den *Bakchen* (V. 1043ff.) das Ende des Pentheus geschildert, der von seiner eigenen, in Ekstase versetzten Mutter zerfleischt wird. Eine besondere Spielart liegt im *Orestes* (V. 1369ff.) vor: Nicht in der Form der Rede, sondern in einer exaltierten, im Falsett gesungenen Arie berichtet ein phrygischer Sklave von den Ereignissen im Palast des Menelaos, von der Entrückung Helenas und der Geiselnahme Hermiones, Helenas und Menelaos' Tochter, durch Orest und Pylades.

Ausdruck der besonderen Vorliebe der athenischen Zuschauer für rhetorische Glanzstücke sind auch die zahlreichen Redewettkämpfe: In Rede und Gegenrede tragen die Antagonisten ihre unterschiedlichen Auffassungen vor, bevor sie oft zu einem heftigen verbalen Schlagabtausch Vers für Vers (›Stichomythie‹) oder gar in Halbversen (›Antilabaí‹) übergehen. Der Historiker Thukydides (ca. 455 – nach 400 v. Chr.) legt ironischerweise dem Demagogen Kleon eine schonungslose Abrechnung mit der Rhetorikbesessenheit der Athener in den Mund (III 38): Die Athener hätten das Gefühl für die Grenzen zwischen Realität und Illusion, zwischen Politik und Theater verloren. In der Volksversammlung, in der das Wohl das Staates und nicht das ästhetische Vergnügen im Zentrum stehe, würden sie sich an rhetorischen Bravourstücken erfreuen und nicht an rational nachvollziehbaren Vorschlägen. Vielmehr setze sich in der Volksversammlung immer der Redner mit seinem Antrag durch, der mit der Neuheit und Kühnheit seiner Gedanken und dem Feuerwerk seiner Formulierungen besteche.

Metrik und Musik

Für uns lässt sich ein gewisser Eindruck von der verlorenen musikalischen Komposition einer Tragödie aus der Vielzahl der metrischen Formen gewinnen, die die Dichter verwendeten. Die antike Metrik ist quantitierend, d.h. ein Vers besteht nicht aus der Abfolge von betonten und unbetonten Silben, sondern von Kürzen (◡) und Längen (–), wobei an bestimmten Stellen entweder eine kurze oder eine lange Silbe stehen kann (sog. ›Anceps‹, x). Die gesprochenen, rezitierten und gesungenen Partien sind jeweils in verschiedenen Rhythmen gehalten: Die Schauspieler sprechen im iambischen Trimeter, der dreimaligen Wiederholung der Sequenz x – ◡ –. In rezitierten Partien findet vor allem der trochäische Tetrameter Verwendung. Dieses Versmaß setzt sich zusammen aus der Abfolge – ◡ – x, die dreimal wiederholt wird; im letzten, vierten Metrum fehlt ein Element (– ◡ –), wodurch eine kurze Pause vor dem nächsten Vers zustande kommt (›Katalexe‹).

Bei der Komposition der gesungenen Partien konnte sich der Dichter einer Vielzahl rhythmischer Formen bedienen, die ihren Platz teilweise in der Lyrik, teilweise in kultischen oder volkstümlichen Gesängen hatten. Indem der Dichter den gesungenen Teilen eine je verschiedene metrische (d.h. rhythmische und musikalische) Form gab, konnte er damit beim Zuhörer Assoziationen erwecken – einerseits an gewisse aus dem alltäglichen Leben bekannte Gesänge wie Hochzeitslieder oder Hymnen, andererseits an Kompositionsformen anderer Gattungen. So ist z.B. in den *Troerinnen* des Euripides (V. 308ff.) Kassandras Arie an auffälligen Stellen wie dem Refrain in dem für Hochzeitslieder typischen äolischen Maß gehalten, das aus einem choriambischen Kern (– ◡◡ –) besteht, an den Kürzen und Längen angesetzt werden können. Doch da jedermann weiß, zu welch einer ›Hochzeit‹ Kassandra als Beute Agamemnons geführt wird, zum Tod durch die

Hand der Klytaimestra, erhält das Lied schon aufgrund seiner metrischen Struktur eine grausige Doppeldeutigkeit.

Ein besonders eindrucksvolles Beispiel für den ›Signalcharakter‹ metrischer Formen ist der Ioniker (⏑ – –), das ›Barbarenmotiv‹ der griechischen Tragödie. Die Musik, die zu diesem Rhythmus gespielt wurde, muss in hohem Maße die Sinne erregend gewesen sein; sie galt deshalb als verweichlicht und exotisch, orientalisch. Große Teile der lyrischen Partien der *Perser* des Aischylos sind in Ionikern komponiert. So verlieh Aischylos der Tragödie auch durch die metrische Gestaltung ein persisches Kolorit.

Außerdem konnte der Dichter die rhythmische Form dazu einsetzen, den Zuschauer zum Aufmerken zu bringen. So sind beispielsweise die erzählenden Teile der Párodos des aischyleischen *Agamemnon* in sogenannten Daktyloepitriten gehalten, in einem Metrum, das besonders in der narrativen Gattung Dithyrambos Verwendung fand und durch seine daktylischen Bestandteile (–⏑⏑) an das Epos erinnert. In der zentralen Partie der Párodos jedoch, im Zeus-Hymnos, schlägt das Metrum in einfache Trochäen (– ⏑ – x) um. Das metrische Signal zwingt den Zuhörer dazu, seine Aufmerksamkeit auf den Inhalt des Abschnitts zu richten, der sich metrisch von seiner Umgebung abhebt.

Daneben gibt es Versmaße, die die Dichter verwendeten, um starke Gefühlsregungen der Singenden auch rhythmisch auszudrücken, vor allem den Dochmius, ein Metrum mit sehr vielen Variationsmöglichkeiten, das z.B. hervorragend zur Panik der Frauen in der Párodos der *Sieben gegen Theben* des Aischylos passt und typisch für die Tragödie ist.

Insbesondere in der musikalischen Gestaltung der Tragödien des Euripides lässt sich die Entwicklung nachvollziehen, die nach den Perserkriegen zunächst die Musik des Dithyrambos, dann aber auch die der dramatischen Gattungen beeinflusste. Während in den Dithyramben des Pindar die Flöte lediglich die Funktion eines Begleitinstruments hatte und der Inhalt des

Gesangs im Vordergrund stand, wurde in der Folgezeit (ca. ab 450) die Musik das Wesentliche. Es kamen Darbietungen von Solisten auf, die eine Art Programmmusik boten. Donnergrollen und das Pfeifen des Windes, Hagelschlag und das Knarren von Rädern, der Klang von Trompeten und anderen Musikinstrumenten, ja sogar das Bellen von Hunden, Blöken von Schafen und Zwitschern von Vögeln wurde nachgeahmt, wie es Platon im *Staat* heftig kritisiert (397a1–7). Der Klang und die Klangeffekte wurden reicher. Überraschende Rhythmuswechsel und sogar die Mischung der Tonarten wurden üblich. An die Stelle eines mehr oder weniger einheitlichen metrischen Leitthemas traten Kompositionen, in denen verschiedene Rhythmen einander abwechseln (›Polýmetra‹). Die traditionelle Kompositionsform, die Gliederung einer Gesangspartie in Strophe und Gegenstrophe, wurde allmählich aufgegeben. Die neue Art des Gesangs eignete sich jedoch nicht für einen Chor, der als eine Gruppe nicht dazu in der Lage war, die vielfältigen Rhythmuswechsel in Tanz und Gesang nachzuvollziehen. So finden sich im Spätwerk des Euripides denn auch immer zahlreicher Monodien, Soloarien von Schauspielern.

Chor und Handlung

Eine Herausforderung für jeden Regisseur einer modernen Inszenierung einer griechischen Tragödie stellt der Chor dar, jene Gruppe von Menschen, die bei Aischylos noch zwölf Mann umfasste und von Sophokles auf 15 vergrößert wurde. Die Herausforderung wird dadurch nicht geringer, dass der Chor und sein Verhältnis zur dramatischen Handlung die Dramentheorie seit Aristoteles und dann besonders wieder in der deutschen Klassik und Romantik bis hin zu Bertolt Brechts Überlegungen zum Verfremdungseffekt und zum epischen Theater bestimmen. Wie häufig in der Auseinandersetzung mit dem klassischen Drama Athens ist ein Diktum des Aristoteles – hier seine Äußerungen zur Verwendung des Chores im 18. Kapitel der *Poetik* – Ausgangspunkt für die späteren Diskussionen, die häufig den Blick auf die Praxis der Tragiker und die tatsächliche Verwendung des Chores zu verstellen drohen. Aristoteles fordert, dass man den Chor wie einen Schauspieler behandeln und dass er Teil des Handlungsganzen sein müsse, und zwar nicht wie bei Euripides, sondern wie bei Sophokles. Auf vollkommene Ablehnung stoßen die Dichter, die den Chor Lieder singen lassen, die nichts mehr mit der Handlung des Stücks zu tun haben, sondern genauso gut in ein anderes Stück übertragen werden könnten. Aristoteles nennt derartige Chorpartien, als deren Erfinder er Agathon (Ende 5. Jh.) nennt, ›Embólima‹, ›Einschübe‹. Es muss dabei festgehalten werden, dass Aristoteles keinerlei Aussagen über den Inhalt der Chorlieder macht, sondern sich lediglich dagegen wendet, dass der Chor handlungsunabhängige Lieder singt, und fordert, dass die Rolle des Chores wie die der Schauspieler zur Konzeption des Stücks passen müsse. Festgehalten werden sollte ebenfalls, dass nach dem aristotelischen Diktum auch in den Tragödien des Euripides der Chor durchaus Teil des Handlungsganzen ist, dass Aristoteles jedoch der Art und Weise der sophokleischen Chorbehandlung den Vorzug gibt. Dass er Aischylos in diesem Kontext nicht nennt, mag damit zusammenhängen, dass in der aischyleischen Tragödie das lyrische, gesungene Element eine wesentlich wichtigere Stellung innehat als im Werk der beiden jüngeren Tragiker und Aristoteles der Vertonung der Tragödien, der *melopoiía*, keinen eigenen künstlerischen Wert zuspricht. Für den Philosophen bemisst sich der Wert einer Tragödie nicht nach der Aufführung, nach der Choreographie, der Musik, dem Gesang und der Inszenierung, sondern einzig und allein nach der Konzeption des Stücks, nach seinem Inhalt, der sich am besten ohne das störende Beiwerk des Theaters in der Lektüre erschließen lasse (*Poetik* c. 6, 1450 b 15–20).

Ein kurzer Blick auf die Art und Weise, wie die drei Tragiker den Chor in ihren Stücken einsetzen, bestätigt die knappe

Analyse des Aristoteles. Die Bedeutung, die dem Chor in den Tragödien des Aischylos zukommt, wird schon dadurch deutlich, dass von den sieben erhaltenen Stücken vier nach dem Chor benannt sind (*Choëphoren*, *Eumeniden*, *Hiketiden*, *Perser*) und in den *Eumeniden* und *Hiketiden* der Chor sogar als Protagonist agiert. In den *Eumeniden* sind es die Rachegeister, die Erinyen, die Orest wegen des Muttermordes peinigen, in den *Hiketiden*, den ›Bittflehenden‹, die Töchter des Danaos, die in Argos um Asyl bitten. Eine Hauptaufgabe der aischyleischen Chöre besteht darin, dass sie sich von der Reflexion über das Bühnengeschehen zu allgemeinen, vorwiegend theologischen Aussagen aufschwingen. Dies wird besonders in der Párodos des *Agamemnon*, der längsten zusammenhängenden Chorpartie der griechischen Tragödie, deutlich (V. 40–257), in der erzählende und reflektierende Partien gleitend ineinander übergehen.

Aus diesem Chor der aischyleischen Tragödie, der die Handlung trägt, ja sogar vorantreibt, sie aber auch deutet und in allgemeine, theologische Zusammenhänge stellt, wird bei Sophokles eine Gruppe mit einem fest umrissenen Charakter in der Rolle einer Nebenfigur, die nie aktiv die Bühnenhandlung beeinflusst. Im *Aias* bilden ihn die Matrosen von Salamis, der Heimat des Protagonisten, in den *Trachinierinnen* und der *Elektra* Frauen, die Vertrauten von Deianeira und Elektra, in der *Antigone* der thebanische Kronrat und im *König Oidipus* eine Gruppe von Thebanern, im *Philoktet* die Odysseus und Neoptolemos begleitenden Matrosen und im *Oidipus auf Kolonos* die Bürger des attischen Demos Kolonos, wo Oidipus Asyl erhalten will. Auch die Chöre des Sophokles nehmen das Bühnenspiel zum Anlass, weitreichende Reflexionen anzustellen. Berühmtestes und häufig rezipiertes Beispiel ist das erste Stasimon der *Antigone* (Verse 332–383): Angeregt durch den Bericht des Wächters, der die rituelle Bestattung des Polyneikes entgegen Kreons Gebot gemeldet hat, setzt der Chor zu allgemeinen Gedanken über die positiven wie negativen

Anlagen und Fähigkeiten des Menschen an. Da der Chor jedoch gleichzeitig als *dramatis persona* in die Handlung eingebunden ist, also nicht über ein größeres Wissen verfügt als die Bühnenpersonen, kann es häufig zu einer Spannung zwischen den allgemeinen, die Handlung transzendierenden Aussagen des Chores und seinem eigentlichen Charakter kommen. So kann sich ein Chor auch irren. Im *König Oidipus* singt er unmittelbar vor der Katastrophe ein Freudenlied (V. 1086ff.). Dieser janusköpfige Charakter sophokleischer Chöre stellt an den Zuschauer die Anforderung, den Inhalt der Chorlieder und Choräußerungen ständig in Bezug zur Handlung zu setzen und in seiner Aussagekraft und Relevanz für das Bühnengeschehen zu hinterfragen. Die reflektierende und zur Reflexion anregende Rolle der Chorlieder wurde für den Zuschauer des 5. Jahrhunderts v. Chr. durch drei Elemente unterstrichen, die tragische Chorlieder in die chorlyrische Tradition einbinden: durch die musikalische Form, durch die erhabene, sich von den gesprochenen Partien unterscheidende Sprache und durch den dorischen Kunstdialekt, in dem die Chorlieder verfasst sind, im Unterschied zu den in normalem Attisch gehaltenen Sprechpartien.

Noch weniger Anteil an der Handlung als bei Sophokles haben die Chöre der euripideischen Stücke. Die Anteilnahme der Chöre am Geschehen, die Betroffenheit durch das, was sich um sie herum ereignet, teilweise sogar ihretwegen geschieht, schlägt sich kaum in einer unmittelbaren Teilnahme an der Handlung nieder. Euripides führt sogar ganz bewusst Chöre ein, die mit der eigentlichen Bühnenhandlung nichts zu tun haben. In den *Phönizierinnen* kommt eine Gruppe von Mädchen aus Sidon, die zum Tempeldienst in Delphi bestimmt sind, nach Theben, das von dem Phönizier Kadmos gegründet worden war, und wird Zeuge des blutigen Bruderkampfes zwischen den Oidipus-Söhnen Eteokles und Polyneikes. Als Außenstehende, die fern zurückliegende, verwandtschaftliche Beziehungen mit den Thebanern verbinden, können die Mädchen aus der Distanz der Unbeteiligten die Handlung gleichsam als Zuschauer betrachten. Vergleichbar ist der Chor in der *Iphigenie in Aulis*: Eine Gruppe von Frauen aus Chalkis auf Euböa kommt nach Aulis, wo das griechische Heer sich vor der Ausfahrt nach Troja sammelt, um die berühmten Helden und Heerführer leibhaftig zu sehen, und wird Zeuge, wie Agamemnon unter der Vorspiegelung, er wolle Iphigenie mit Achill verheiraten, seine Tochter nach Aulis lockt, um sie auf Geheiß des Sehers Kalchas der erzürnten Göttin Artemis zu opfern.

Der Vergleich der Chöre der drei Tragiker zeigt deutlich, dass der Chor umso mehr Raum für Reflexion und Verallgemeinerung erhält, je weniger er an der Handlung teilnimmt. Gerade das reflektierende Element der Chorpartien scheint ein Erbe der chorlyrischen Ursprünge der Tragödie zu sein: Die Gegenwart – in der Chorlyrik der festliche Anlass, für den ein Lied geschrieben wurde, in der Tragödie das Bühnengeschehen – wird auf einer höheren Ebene reflektiert und gedeutet.

2. Aischylos

Leben

Aischylos' Lebenszeit umspannt die für Athens Geschichte und Kultur einschneidenden Jahre des ausgehenden 6. und der ersten Hälfte des 5. Jahrhunderts v. Chr. Als er 525/524 in Eleusis als Sohn eines Euphorion aus dem Adelsgeschlecht der Eupatriden geboren wurde, herrschten in Athen als Tyrannen die Söhne des Peisistratos, Hippias und Hipparchos. Als junger Mann erlebte Aischylos die Reformen des Kleisthenes (510/509), die Athen zur Demokratie werden ließen, 490/489 und 480 soll er nach den antiken Zeugnissen an der Abwehrschlacht der Athener gegen die Perser bei Marathon, Plataiai und Salamis teilgenommen haben, in seine letzten Lebensjahre fallen die Reformen des Ephialtes (462), die den Einfluss des Adelsrats, des Areopags, zurückdrängten und Athen zu einer ›radikalen Demokratie‹ machten.

Aischylos war im tragischen Agon äußerst erfolgreich. Nach seinem Debüt als junger Mann zu Beginn des 5. Jahrhunderts (500–496) errang er seinen ersten Sieg 485/484 und belegte danach 13-mal den ersten Platz im Wettkampf der Tragiker. Dazu kommen zahlreiche postume Siege, da als besondere Ehrung nach seinem Tod die athenische Volksversammlung den Beschluss fasste, dass jeder, der ein Stück des Aischylos aufführen wolle, ›einen Chor erhalte‹.

Wie die Chorlyriker seiner Zeit arbeitete Aischylos auch als ›Auftragsdichter‹. Die spätere antike biographische Tradition versuchte, den Grund für seine Reisen nach Sizilien in seiner Karriere als Tragiker zu finden. Er habe die Aufträge des syrakusanischen Tyrannen Hieron angenommen, entweder weil er dem jungen Sophokles im tragischen Agon unterlegen sei oder weil Simonides' Elegie auf die Gefallenen bei Marathon vor seinem Gedicht den Vorzug erhalten habe oder gar weil der Auftritt der Erynien in den *Eumeniden* die athenischen

Zuschauer in Panik versetzt habe. Aus den entsprechenden Nachrichten lässt sich lediglich herauslesen, dass Aischylos in den 70er Jahren des 5. Jahrhunderts eine derartige Berühmtheit erlangt hatte, dass er von Hieron eine Einladung zur Wiederaufführung der *Perser* und den Auftrag zur Abfassung eines Stücks über die von dem Tyrannen gegründete Stadt Aitne, die *Aitnaiai* oder *Aitnai*, erhielt. Der Chorlyriker Pindar feiert die Gründung der Stadt in seiner 1. Pythischen Ode (470 v. Chr.). Nach den antiken Zeugnissen zu schließen, reiste Aischylos zwei- oder dreimal nach Sizilien: 476/475 nach Aitne, 472 zur Aufführung der *Perser* nach Syrakus – die Reise nach Aitne könnte allerdings auch 472 stattgefunden haben. Während einer dritten Reise im Jahre 456/455 starb er und wurde in Gela begraben. Durch das ihm postum verliehene Privileg der Wiederaufführung seiner Stücke war Aischylos sowohl für die jüngeren Dichter des 5. Jahrhunderts als auch für das athenische Publikum gleichsam ein Zeitgenosse, dessen Stücke seinen Tod überdauerten.

Für die Athener des Jahres 405, als Aristophanes seine *Frösche* auf die Bühne brachte, war Aischylos der Dichter der glanzvollen Zeit, in der die athenische Demokratie sich gegenüber ihren inneren und äußeren Feinden zu verteidigen und zu festigen vermocht hatte. Durch seine Tragödien, die »voll des Ares«, voller Kampfeskraft seien, habe er – so lässt ihn Aristophanes seine dichterische Tätigkeit charakterisieren (V. 1021ff.) – die Athener zur Nachahmung der auf der Bühne dargestellten Handlungsweisen angespornt. Diesem Zweck angemessen seien seine Tragödien in eine erhabene Sprache, in Worte von mitreißender, titanischer Urgewalt (V. 814ff.) gekleidet. Der Gegenwart, den hoffnungslosen letzten Jahren des Peloponnesischen Krieges – einer Zeit, die wie die Dichtung des Euripides durch die Errungenschaften der alles relativierenden und alles in Frage stellenden Sophistik geprägt war –, hält Aristophanes ein idealisiertes Bild der Vergangenheit entgegen, in der Männer von altem Schrot und

Korn, die wie Aischylos in ihrem Handeln von einer natürlichen Frömmigkeit angetrieben waren, sich um die Belange der Polis kümmerten und in der alles, auch die tragische Dichtung, die geradezu als Lehrmeisterin der Athener betrachtet wird, besser war.

Ein Blick auf den weitverzweigten Stammbaum der Familie des Aischylos führt eindrucksvoll vor Augen, dass die tragische Kunst in Großfamilien gepflegt wurde: Seine Söhne Euphorion und Euaion waren ebenfalls als Tragiker tätig. Von seiner Schwester Philopeithes stammt eine ganze Tragikerdynastie des 5. und 4. Jahrhunderts ab: Philokles I, Morsimos, Astydamas I, Philokles II und Astydamas II – Dichter, von denen meist nur der Name und höchstens wenige Fragmente überliefert sind. Nach dem byzantinischen Lexikon *Suda* nahm Euphorion mit Tetralogien seines Vaters viermal erfolgreich am tragischen Agon teil. 431 siegte er vor Sophokles und Euripides. Sophokles unterlag mit seinem *König Oidipus* vermutlich 434 v. Chr. Aischylos' Neffen Philokles I.

Werk

In der antiken Literaturgeschichtsschreibung wurde Aischylos eine Vielzahl wichtiger Neuerungen in der Gattung Tragödie zugeschrieben. Nach Aristoteles (*Poetik* c. 4, 1449a15) soll er den zweiten Schauspieler eingeführt, die Chorpartien reduziert und die gesprochenen Partien zum wichtigsten Bestandteil seiner Stücke gemacht sowie zahlreiche bühnentechnische Neuerungen eingeführt haben. All diese Angaben sind jedoch mit Vorsicht zu genießen. Sie stehen offensichtlich unter dem Eindruck der aristophanischen *Frösche* und dem dort Aischylos attestierten großen Bühnenspektakel, das seine Inszenierungen geboten haben sollen.

Die Aischylos zugeschriebene Zahl von Stücken schwankt zwischen 70 und 90. Erhalten sind sieben Tragödien: *Perser* (472), *Sieben gegen Theben* (467), das abschließende Stück der thebanischen Trilogie, *Orestie*, die einzige erhaltene Trilogie (458), bestehend aus den Tragödien *Agamemnon*, *Choëphoren* (*Die Weihgussträgerinnen*) und *Eumeniden* (*Die wohlmeinenden Göttinnen*). Die Danaiden-Tetralogie, von der die *Hiketiden* (*Die Schutzflehenden*) erhalten sind, wurde in der Forschung mit wenigen Ausnahmen aus stilistischen Gründen und wegen der Dominanz des Chores in die frühe Phase von Aischylos' Tätigkeit gesetzt, bis eine auf Papyrus erhaltene Notiz (POxy 2256), die berichtet, Aischylos habe mit der Danaiden-Trilogie Sophokles und einen gewissen Mesatos besiegt, im Jahr 1952 die *communis opinio* ins Wanken brachte und eine Datierung zwischen 466 und 459 nahelegte. Die nicht unumstrittene Ergänzung des Namens des Beamten (›Archon‹) in »Archedemides«, was allerdings nicht unumstritten ist, führt ins Jahr 463.

In der antiken Tradition bestand kein Zweifel an der Authentizität des *Gefesselten Prometheus*. Bedenken kamen im 19. Jahrhundert auf, die Wilhelm Schmid (*Untersuchungen zum Gefesselten Prometheus*, Stuttgart 1929) dazu führten, die Urheberschaft des Aischylos zu bestreiten. Nachdem Schmids Argumente lange Zeit nicht akzeptiert wurden, ist heute nach mehreren umfangreichen Publikationen die *communis opinio* ins Gegenteil umgeschlagen. Stimmen, die für die Echtheit eintreten, sind selten geworden. Die Argumente, die gegen die Authentizität vorgebracht werden, sind zunächst metrischer, stilistischer und dramaturgischer Natur. Der geringe Anteil an lyrischen Partien (16,8 %) sei untypisch für Aischylos. Vor allem wurden der moderne, sophistisch beeinflusste Tenor der Stücks und die Nähe zur sophokleischen Charakterisierungstechnik ins Feld geführt. Da Aristophanes in seinen *Rittern* des Jahres 424 in Vers 836 auf Vers 613 des *Gefesselten Prometheus* anspielt, muss das Stück auf alle Fälle davor aufgeführt worden sein. Verlockend ist es, den *Gefesselten Prometheus* im Zusammenhang mit den Wiederaufführungen aischyleischer Tragödien nach 456 zu sehen. In Frage käme

Euphorion, der unter seines Vaters Namen den *Gefesselten Prometheus* in bearbeiteter, dem Zeitgeschmack entsprechender Form auf die Bühne gebracht haben könnte. Ein vergleichbarer Fall liegt in den *Sieben gegen Theben* vor, deren Finale unter Kenntnis der sophokleischen *Antigone* mit der Absicht umgeschrieben und ergänzt wurde, die Tragödie des Aischylos für eine Aufführung zusammen mit der *Antigone* auf Sophokles' Stück hin zu öffnen.

Geschichte als Mythos: *Die Perser*

Die 472 zusammen mit zwei Tragödien mythologischen Inhalts, *Phineus* und *Glaukos*, sowie dem abschließenden Satyrspiel *Prometheus der Feuerbringer* aufgeführte Tragödie *Die Perser* ist die einzige unter den erhaltenen Tragödien des Aischylos, die nicht Teil einer inhaltlich zusammenhängenden Trilogie ist, und das einzige vollständige Beispiel für einige ins erste Viertel des 5. Jahrhunderts v. Chr. fallende Versuche, Zeitgeschichte auf die Bühne zu bringen. Einen Vorläufer hatte Aischylos in Phrynichos, der in der *Einnahme von Milet* (vermutlich 492/491) und in den *Phönizierinnen* (476) geschichtliche Ereignisse der jüngsten Vergangenheit dramatisierte. Die *Einnahme von Milet* hatte das Ende des ionischen Aufstandes gegen die Perser (494) zum Inhalt. Nach dem Bericht des Historikers Herodot (VI 21, 2) litten die Athener schwer unter dem Fall Milets. Als Phrynichos die Einnahme der Stadt in einem Stück auf die Bühne gebracht habe, seien die Zuschauer in Tränen ausgebrochen, da der Dichter sie an eigenes Leid erinnert habe. Aufgrund der durch sein Stück ausgelösten Reaktion sei Phrynichos mit einer Strafe von 1000 Drachmen belegt worden, und es sei angeordnet worden, »das Drama künftig nicht mehr zu gebrauchen«. Was diese Formulierung bedeutet, ist unklar. Wurde eine Wiederaufführung des Stücks außerhalb Athens in den Theatern auf dem Lande untersagt, oder wurde die Verwendung des Stoffes generell verboten? Dass das Stück den Athenern eigenes Leid ins Gedächtnis gerufen habe, kann nur bedeuten, dass die Einnahme der Stadt Milet den Athenern die drohende Zerstörung der eigenen Stadt durch die persische Übermacht vor Augen führte. In den *Phönizierinnen* des Phrynichos wurden wie in Aischylos' *Persern* die Auswirkungen der persischen Niederlage bei Salamis (480) aus der Sicht der Unterlegenen dargestellt. Bereits zu Beginn des Stücks – soweit lässt sich die Handlung aus den Bruchstücken rekonstruieren – meldet ein persischer Eunuch Xerxes' Niederlage. Die phönizischen Frauen aus Sidon, die den Chor bilden – die Phönizier stellten den Großteil der persischen Flotte –, sind die durch die Niederlage bei Salamis, in der ihre Männer, Brüder und Söhne fielen, unmittelbar Betroffenen.

Im Gegensatz zu Phrynichos, der bei der Konzeption seiner *Phönizierinnen* die dramatischen Möglichkeiten, die der Zustand der Ungewissheit der voller Sorge Wartenden bietet, vermutlich nicht ausnützte, sondern in einer Abfolge von Klagen allein die Reaktion auf die Niederlage in den Mittelpunkt seines Dramas stellte, baut Aischylos eine langsam sich steigernde Spannung auf. Die *Perser* zerfallen im Ganzen in drei größere dramatische Einheiten: Zunächst wird im Einzugslied des Chores (Párodos, V. 1–139), der aus alten Persern, dem Kronrat des Xerxes, besteht, durch gegenläufige Äußerungen, die einerseits Zuversicht und Stolz auf die Größe des persischen Heeres bekunden und andererseits von der Sorge um das Schicksal der im Feindesland weilenden Streitmacht zeugen, eine beklemmende Stimmung erzeugt. Diese bange Ungewissheit, die die durch den Chor repräsentierte Gesamtheit zwischen Hoffnung und Sorge schwanken lässt, wird verstärkt durch Atossa, Xerxes' Mutter, die durch einen Unheil verheißenden Traum beunruhigt ist (V. 176ff.). Die spannungsgeladene Atmosphäre beendet im zweiten Teil schlagartig ein Bote, der von der katastrophalen Niederlage des Perserheeres berichtet (V. 302ff.). Den Mittelpunkt des

Stücks stellt die Szene dar, in der Xerxes' Vater Dareios, vom Chor aus dem Totenreich herbeigerufen, Atossa – gleichsam als Ergänzung des Botenberichts – die Gründe für die Niederlage darlegt, die Katastrophe des persischen Landheeres bei Plataiai voraussagt und dies mit der Warnung verbindet, nie mehr gegen Griechenland zu Felde zu ziehen (V. 681ff.). Den dritten und letzten Teil füllt die mehrfach angedeutete Ankunft des geschlagenen Königs, der ohne Begleitung, ohne einen angemessenen Empfang zu erhalten, ja, selbst ohne auf seine ihn sehnlichst erwartende Mutter zu treffen, zusammen mit dem Chor den Untergang persischer Größe beklagt.

Aischylos geht es nicht darum – dies dürfte diese kurze Skizzierung des Inhalts deutlich gemacht haben –, eine durchlaufende, mitreißende Handlung auf die Bühne zu bringen; vielmehr dreht sich das Geschehen um die Frage, wie die ungeheure persische Streitmacht zugrunde gehen konnte. Er behandelt demnach Zeitgeschichte wie einen Mythos, indem er das, was allen Zuschauern nicht nur aus ihrer eigenen Erfahrung, sondern auch aus dem Theater, durch Phrynichos' *Phönizierinnen*, bekannt ist, neu bearbeitet und einer eigenen Deutung unterwirft. Dies lässt sich am besten an der für die Interpretation des Dramas zentralen Dareios-Szene (V. 681–851) zeigen: Die Epiphanie des Königs wird dramatisch geschickt durch Atossas Aufforderung an den Chor vorbereitet, ihren verstorbenen Gatten aus der Unterwelt herbeizurufen (V. 619–621), sowie durch das anschließende Chorlied, in dem die Epiphanie des vergöttlichten Herrschers erfleht wird. Das Bild des Gott-Königs ist verklärt: Dareios wird, ohne dass sein gescheiterte Feldzug bei Marathon zehn Jahre zuvor (490) erwähnt würde, als der Herrscher der guten alten Zeit angerufen, der keinen persischen Soldaten in unüberlegten Feldzügen in den Tod führte (V. 653–656).

Dadurch, dass Dareios als vergöttlichter König und idealer Herrscher die militärische Katastrophe erklärt, in die sein Sohn Xerxes die persischen Heerscharen geführt hat, erscheinen seine Worte als von einer höheren, uneingeschränkt gültigen Warte aus gesprochen. Zunächst weist dabei auch Dareios wie zuvor der Bote (V. 354), Atossa (V. 472–724) und der Chor (V. 515) die Schuld einem bösen, trügerischen Dämon zu (V. 725), bevor er zu einer umfassenderen Darlegung ausholt (V. 739–752):

> Weh! Ja, schnell kam die Erfüllung der Orakel; auf meinen Sohn
> Schleuderte Zeus die Vollendung der Vorhersagen; irgendwie
> [vertraute ich darauf,
> Dass die Götter dies erst in ferner Zukunft vollenden würden;
> Wenn aber einer selbst zu viel Ehrgeiz an den Tag legt, dann
> [packt auch noch der Gott mit an;
> Nun liegt der Ursprung allen Übels, wie es scheint, für alle
> [Freunde offen da:
> Mein Sohn hat, ohne dies zu wissen, dies in seinem jugendlichen
> [Draufgängertum durchgeführt,
> Er, der den heiligen Hellespont wie einen Sklaven mit Fesseln
> In seinem Fluss zu hemmen hoffte, den Bosporos, des Gottes
> [Strom,
> Und eine Furt schuf, wo es keine gab, und mit erzgeschlagenen
> [Fesseln
> Die große Flut umschloss und so einen Weg für die Heeresmasse
> [schuf:
> Obwohl nur ein Sterblicher, hoffte er in seinem Unverstand, alle
> [Götter
> Und Poseidon zu bändigen. Wie kann man es anders verstehen,
> [als dass eine
> Krankheit den Verstand meines Sohnes schlug? Ich fürchte nun,
> [dass all die viele Mühe,
> Mit der ich Reichtum aufhäufte, dem, der als erster zugreift, zur
> [Beute wird.

Die göttliche Einwirkung, den Dämon, bestreitet Dareios nicht, ja, er hatte durch ein Orakel Kunde von einem den Persern drohenden Unheil erhalten. Doch die Verantwortung dafür, dass dieses Unglück so schnell und unerwartet über sein Volk hereinbrach, liege allein bei Xerxes. Er sei es gewesen, der durch seinen Tatendrang, durch seinen Ehrgeiz, es dem großen Vater gleich zu tun, das Unternehmen gegen Griechenland, auf die Einflüsterungen schlechter Freunde horchend, eingeleitet habe. Denn »wenn einer selbst zu viel Ergeiz an den Tag legt, packt auch noch der Gott mit an« (V. 742). In einem Übermaß an Eifer und Tatendrang habe Xerxes die den Persern von Gott gesetzte Grenze, nur zu Lande Macht auszuüben, überschritten. Die Überquerung des Bosporos, der Versuch, den Meeresgott Poseidon zu bändigen, diese Anmaßung eines Menschen (›Hybris‹) habe unweigerlich die göttliche Strafe nach sich ziehen müssen (V. 745–750). Von dieser Deutung zurückblickend erhalten zwei Strophen der Párodos ihren eigentlichen Sinn. Dort hatte der Chor betont, dass ein Gott den Persern die Macht auf dem Lande übertragen habe (V. 101–105), während die Seefahrt nicht gottgegeben, sondern erlernt sei (V. 109–114). Indem Xerxes den Weg über das Meer einschlug, erlag er »der trugsinnenden Gottheit« (V. 93) und verfiel einer Verblendung der Vernunft (*ἄτη/áte*), aus deren Netz kein Entrinnen mehr möglich war. Je mehr Xerxes handelte, desto fester verstrickte er sich, seiner Hybris folgend, in diesem Netz.

Aischylos lässt Dareios eine Theodizee entwickeln, indem er die Schuld, die die Menschen, ohne zu überlegen, den Göttern zuweisen, bei den Menschen selbst sucht. Der Mensch, der wie Xerxes die Götter bezwingen will, ist für sein Handeln selbst verantwortlich und damit auch schuldig; er kann aber, wie Dareios in seiner Prophetie andeutet (V. 800ff.), durch sein Leiden den Weg zur Einsicht finden.

Sieben gegen Theben

Die *Sieben gegen Theben* wurden 467 v. Chr. nach den Tragödien *Laios* und *Oidipus* als drittes Stück der thebanischen Trilogie aufgeführt. Das abschließende Satyrspiel trug den Titel *Sphinx*. Aischylos gewann den ersten Preis. In der thebanischen Trilogie wird das Schicksal des Labdakidenhauses durch drei Generationen hindurch verfolgt. Der thebanische König Laios, Sohn des Stammvaters Labdakos, zeugt entgegen Apollons ausdrücklicher Warnung einen Sohn. In der irrigen Annahme, er könne dem ihm von dem Gott geweissagten Tod durch die Hand seines Sohnes entgehen, lässt er das Kind im Kithairongebirge aussetzen. Doch der Hirte, der den grausamen Befehl erhält, vertraut aus Mitleid den Sohn des Laios einem befreundeten Korinther an. Dieser wiederum übergibt das Kind, das wegen der durchbohrten Fersen den Namen Oidipus, ›Schwellfuß‹, erhält, dem kinderlosen Herrscherpaar von Korinth, Polybos und Merope.

Als junger Mann wird Oidipus von einem Freund verspottet, der behauptet, dass er nicht der Sohn des Königs von Korinth sei. Um über seine Herkunft Gewissheit zu erlangen, begibt er sich nach Delphi und erhält von Apollon den Orakelspruch, dass er mit seiner Mutter Kinder zeugen und seinen Vater ermorden werde. So beschließt er, Korinth künftig zu meiden. An einem Dreiweg trifft er auf Laios. Da der König ihn in barschem Ton aus dem Weg zu gehen heißt, erschlägt ihn Oidipus im Zorn, ohne zu ahnen, dass er seinen Vater ermordet hat. In Theben angekommen, befreit er die Stadt von einem sie plagenden Ungeheuer, der Sphinx, und erhält als Dank die Hand Iokastes, der Witwe des Laios. Wegen des Vatermordes und der inzestuösen Ehe wird Theben nach Jahren von der Pest heimgesucht. Nach Apollons Orakelspruch kann ein Ende der Seuche nur durch die Entdeckung und Verbannung des Mörders des Laios erwirkt werden. Als Oidipus sich selbst als den Schuldigen entdeckt, blendet er sich; Iokaste, seine Frau und Mutter, erhängt sich.

Die *Sieben gegen Theben* bringen das Schicksal der dritten Generation der Labdakiden, der unter dem Fluch ihres Vaters stehenden Oidipus-Söhne Eteokles und Polyneikes, auf die Bühne. Zwischen den Brüdern ist ein Streit um die Herrschaft in Theben entbrannt. Mit einem argivischen Heer unter der Leitung von sechs weiteren Heerführern, darunter sein Schwiegervater Adrastos und der Seher Amphiaraos, belagert Polyneikes die Stadt. In dieser Situation beginnt das Stück: Eteokles, der Verteidiger Thebens, fordert seine Soldaten auf, die nötigen Verteidigungsmaßnahmen zu treffen (V. 1–38). Von einem Späher erfährt er, dass die sieben feindlichen Heerführer sich rüsten, um die sieben Stadttore Thebens anzugreifen (V. 39–68). In einem kurzen Gebet bekräftigt Eteokles noch einmal seine Absicht, die Heimat gegen die anrückenden Feinde zu verteidigen (V. 69–77). Als Kontrast zur Eingangsszene, die den ruhig seine Entscheidungen treffenden König zeigt, ist der Einzug des Chores angelegt (V. 78–180): Junge Thebanerinnen stürzen in Panik herein und treffen auf Eteokles, der sie mit barschen Worten zur Vernunft ruft (V. 181–286). Der Chor stimmt ein Lied an, in dem er in grellen Farben die Greuel des Krieges ausmalt (V. 237–368).

Den Mittelteil der Tragödie bilden sieben Redenpaare (V. 375–676). Eteokles erfährt von einem Späher, wen die Feinde gegen die sieben Stadttore zu schicken vorhaben. In seiner Antwort führt er jeweils aus, welchen Thebaner er dem Angreifer entgegenstellt. Teilweise hat er die Entscheidungen schon getroffen, teilweise fällt er sie erst, nachdem er den Bericht des Kundschafters vernommen hat. Aischylos macht diesen Entscheidungsprozess durch die Wahl der Tempora, die Eteokles bei der Nennung des jeweiligen Verteidigers gebraucht, nachvollziehbar: Während er dem ersten Gegner, Tydeus, erst auf die Rede des Spähers hin einen Thebaner entgegenstellt (Futur), hat er die Entscheidungen für das zweite, dritte und vierte Tor bereits getroffen (Vergangenheitstempora). Beim fünften Tor lässt ein vages Präsens offen, ob sich der König in diesem Moment entscheidet oder dies schon getan hat, beim sechsten und siebten Tor kehrt er zum Futur, also zur momentanen Entscheidung, zurück. Durch die Anordnung der verschiedenen Tempora wird deutlich, dass Eteokles sich aus freiem Willen entschließt, am siebten Tor selbst seinem Bruder Polyneikes entgegenzutreten. Erst jetzt, da er die verhängnisvolle Entscheidung getroffen hat, erkennt er den wahren Sinn des Fluches seines Vaters, erst jetzt erkennt er die tiefere Bedeutung der Träume, die ihn ängstigten. Aus dem aufopfernden Verteidiger der Heimat wird der vom Fluch getroffene Sohn des Oidipus (V. 653–655):

> O gottverhängter, großer Hass der Götter,
> O mein allbeweintes Geschlecht des Oidipus!
> Wehe, des Vaters Flüche werden nun erfüllt!

Im Schlussteil beklagt der Chor den Tod der Brüder. Ein späterer Bearbeiter ließ – wohl unter dem Eindruck der *Antigone* des Sophokles – in der Schlusspassage der Tragödie die Schwestern der Gefallenen, Antigone und Ismene, sowie einen Herold auftreten, der das Bestattungsverbot für Polyneikes verkündet. Die Verse 862–873 und 1005–1078 stammen somit nicht von Aischylos.

Die theologische Konzeption der *Sieben*, die sich aus dieser Deutung der sieben Redenpaare ergibt, ist vergleichbar mit der der *Perser*. Zwar steht Eteokles unter dem Fluch seines Vaters, aber wie Xerxes durch sein Handeln die Erfüllung des an Dareios ergangenen Orakels »beschleunigt« (*Perser*, V. 742), treibt auch Eteokles durch seine Entscheidung das Verhängnis an. Die mahnenden Worte des Chores, der ihn anfleht, seinen Entschluss rückgängig zu machen, stoßen auf taube Ohren. Während jedoch in den *Persern* Dareios durch seine Warnung, nie mehr gegen Griechen zu Felde zu ziehen, einen Weg aufzeigt, um künftig Unheil zu vermeiden, fehlt in den *Sieben* der positive Aspekt, den Aischylos in den *Persern* dem Leiden zuwies: durch Leiden zur vernünftigen Erkenntnis zu gelangen. Ja, jedem Zuschauer – und so auch dem Bearbeiter der Schlussszene – war aus seiner Kenntnis des Mythos bewusst, dass mit dem Tod von Eteokles und Polyneikes das Unglück der Labdakiden noch nicht sein Ende gefunden hatte.

Die Schutzflehenden (Hiketiden)

Die Schutzflehenden wurden vermutlich als zweites Stück der DanaidenTrilogie zusammen mit den Tragödien *Die Söhne des Aigyptos* (*Aigyptioi*) und *Die Danaiden* sowie dem abschließenden Satyrspiel *Amymone* aufgeführt. Mit einiger Sicherheit kann als Aufführungsdatum 463 v. Chr. erschlossen werden. Aischylos gewann den ersten Preis.

Zeus entbrennt in Liebe zur argivischen Königstochter Io. Die eifersüchtige Hera verwandelt die Prinzessin in eine Kuh und lässt sie durch eine Bremse durch aller Herren Länder jagen. In Ägypten wird Io von Zeus erlöst und gebiert ihm einen Sohn, den Epaphos, den Stammvater der ägyptischen Könige. Dessen Urenkel sind Danaos, der 50 Töchter, und Aigyptos, der 50 Söhne hat. Als die Aigyptos-Söhne die Töchter des Danaos gegen deren Willen zur Ehe zwingen wollen, flüchten die Mädchen mit ihrem Vater in die alte Heimat ihrer Urahnin Io, nach Argos, um dort um Asyl zu bitten.

Die Tragödie beginnt mit der Ankunft der Danaiden in Argos. Im Einzugslied, das wie in den *Persern* das Stück eröffnet (V. 1–175), legen die Mädchen die Ursache ihrer Flucht dar. Danaos, der von einem Erkundungsgang zurückkommt, bereitet seine Töchter auf die kommende Auseinandersetzung mit dem argivischen König Pelasgos vor (V. 116–233). Die Ankunft des Königs eröffnet die zentrale Szene der Tragödie (V. 134–523): Mit aller Entschiedenheit fordern die Danaiden die Gewährung des Asyls. Pelasgos sieht sich einer ausweglosen Lage gegenüber: Gewährt er den Danaos-Töchtern Asyl, droht Krieg mit den abgewiesenen Freiern; weist er dagegen ihre Forderung zurück, verletzt er die religiöse Pflicht, Schutzflehenden Beistand zu leisten. Der König erkennt sein Dilemma und versucht, einer Entscheidung auszuweichen (V. 407–417). Doch die religiöse Pflicht obsiegt, Pelasgos nimmt die Schutzsuchenden auf. In Begleitung einiger Gefolgsleute des Pelasgos macht sich Danaos auf, um sich die schützenden

Altäre der einheimischen Götter zeigen zu lassen (V. 490ff.). Pelasgos geht ab, um eine Volksversammlung einzuberufen und die Zustimmung der Stadt für seine Entscheidung zu gewinnen (V. 516ff.). Allein zurückgelassen stimmt der Chor ein Lied an, in dem er wie auch schon im Einzugslied mit Nachdruck betont, dass ihm als Nachkommenschaft Ios das Asyl in Argos rechtmäßig zustehe (V. 524ff.).

Die zweite Hälfte der Tragödie führt ähnlich wie in den *Persern* und den *Sieben gegen Theben* die Reaktionen auf die zentrale Szene vor. Der zurückkommende Danaos berichtet seinen Töchtern von der zu ihren Gunsten ausgefallenen Entscheidung der Volksversammlung (V. 600ff.). Die Segenswünsche des Chors für die Stadt (V. 625ff.) unterbricht Danaos mit der Schreckensmeldung von der Ankunft der verhassten Aigyptos-Söhne (V. 710ff.). Im allerletzten Augenblick können Pelasgos und sein Gefolge, die Danaos zu Hilfe gerufen hat (V. 764ff.), die Verschleppung der Mädchen durch die Schergen der Aigyptos-Söhne verhindern (V. 911ff.). Die Schlussszene öffnet das Stück auf die folgende Tragödie hin: Die Drohungen, die der abgewiesene Herold der Aigyptos-Söhne ausstößt, kündigen einen militärischen Konflikt an (V. 950f.). Der Hymnos auf die Liebesgöttin Aphrodite, den der Nebenchor der Mägde dem Lobpreis der keuschen Artemis, den die Danaiden anstimmen, entgegenstellt, weist darauf hin, dass der Entschluss der Danaos-Töchter, ohne Männer zu leben, nicht endgültig zu sein braucht.

Über den Inhalt des abschließenden Stücks lassen sich keine gesicherten Aussagen machen. So viel lässt sich rekonstruieren: Nach kriegerischen Auseinandersetzungen, in denen vermutlich Pelasgos fällt, müssen die Danaiden die Söhne des Aigyptos heiraten. In der Hochzeitsnacht ermorden diese jedoch ihre Gatten; nur Hypermestra verschont ihren Mann Lynkeus. In einem längeren Bruchstück einer Rede betont die Göttin der Liebe, Aphrodite, die universelle Macht der Liebe, die in gegenseitigem Einvernehmen erfolgt. Im abschließenden Satyrspiel *Amymone* werden die in den drei Tragödien aufgeworfenen Probleme auf heitere Art und Weise gelöst: Ein Satyr stellt Amymone, einer der Danaos-Töchter, nach. Poseidon, der Gott des Meeres, rettet sie und macht sie zu seiner Geliebten.

Wesentlich für die Interpretation der *Hiketiden* ist die lange Szenenfolge im Mittelteil (V. 234–523), in der Pelasgos die Entscheidung über die Gewährung des Asyls treffen muss, die erste erhaltene tragische Entscheidungssituation der griechischen Tragödie. Der König hat die Wahl zwischen zwei Übeln: Entscheidet er sich für die Danaiden, droht Krieg mit den abgewiesenen Freiern und Schaden für Argos; entscheidet er sich gegen die Schutzflehenden, verletzt er die religiöse Pflicht, beleidigt er Zeus Hikesios, den Schutzgott der Asylsuchenden, und lädt der Stadt zudem eine unerträgliche Befleckung (*μίασμα/míasma*) auf, da die Danaiden mit Selbstmord an dem Altar drohen, an dem sie Zuflucht gesucht haben. Der König, der sein Dilemma erkennt (V. 379f., vor allem V. 407–417), sucht der Entscheidung auszuweichen, wird aber durch die Selbstmorddrohung der Danaiden dazu genötigt. Unter Zwang und Notwendigkeit – so das Leitmotiv dieser Szene – nimmt er die Danaos-Töchter auf (V. 478f.) und setzt so die religiöse Pflicht vor politische Gesichtspunkte. Lediglich der Gedanke, sich für Zeus Hikesios entschieden und dadurch den Zorn der Götter vermieden zu haben, vermag den König nach seinem Entschluss aufzurichten.

Die Orestie

Die Orestie (aufgeführt 458 v. Chr., Aischylos belegte den ersten Platz im tragischen Agon) erlaubt als einzige vollständig überlieferte Trilogie – das abschließende Satyrspiel *Proteus* ist nicht erhalten – nachzuvollziehen, wie Aischylos im Rahmen von drei inhaltlich zusammenhängenden Stücken das Schicksal von zwei Generationen (Agamemnon und Orestes) darstellt, durch welche Mittel er die nähere und fernere Vorgeschichte einbezieht und wie er die theologischen Probleme, die Frage nach dem Verhältnis von Gott und Mensch sowie von menschlicher Schuld und göttlichem Wirken, im Zusammenhang einer Inhaltstrilogie entfaltet und zur Lösung bringt.

Der Handlungsablauf der drei Tragödien ist schnell dargelegt: Im *Agamemnon* wird der aus Troja heimkehrende König von seiner Gattin Klytaimestra im Bade erschlagen. In den *Choëphoren*, den ›Weihgussträgerinnen‹, benannt nach dem Chor der trojanischen Kriegsgefangenen, die zu Beginn des Stücks im Auftrag der von ihrem schlechten Gewissen gepeinigten Klytaimestra am Grab Agamemnons ein Trankopfer darbringen, nimmt der inzwischen herangewachsene Orest, Agamemnons Sohn, blutige Rache an seiner Mutter und ihrem Geliebten Aigisthos. In den *Eumeniden*, den ›Wohlmeinenden‹, schließlich wird der wegen des Muttermords von den Rachegöttinnen, den Erinyen, gejagte Orest in Athen von einem von der Stadtgöttin Athena eigens zu diesem Zweck eingesetzten Schwurgericht, dem Areopag, von der Blutschuld freigesprochen. Die darüber erzürnten Erinyen lassen sich von Athena mit schmeichlerischen Worten dazu bewegen, nunmehr als Eumeniden, als wohlmeinende, segenspendende Göttinnen, in Athen auf dem Hügel Kolonos ihre Wohnstatt zu nehmen und künftig der Stadt zu nützen, indem sie als latente ständige Strafandrohung die Bürger zu einem einsichtigen Verhalten bringen und dadurch vor allem Zwist im Inneren, Bürgerkrieg, von der Stadt fernhalten.

Dieser geradlinige Handlungsverlauf wird dadurch vielschichtiger, dass sowohl die nähere Vorgeschichte, die Opferung Iphigenies in Aulis durch ihren Vater Agamemnon und der trojanische Krieg, als auch die eine Generation zurückliegenden Ereignisse hineinspielen: die grausame Rache, die Atreus, Agamemnons Vater, an seinem Bruder Thyestes genommen hatte, indem er ihm unter der Vorspiegelung der

Versöhnung seine Söhne – mit Ausnahme des kleinen Aigisthos – zum Mahle vorgesetzt hatte.

Die Struktur des *Agamemnon* ist geprägt von der Spannung zwischen Bühnenhandlung, Vorgeschichte und der zunächst noch bevorstehenden Rückkehr Agamemnons, auf die der erste Teil der Tragödie (V. 1–781) in einer sich steigernden Szenenfolge hinläuft.

Der den Prolog (1–39) sprechende Wächter harrt des Feuerzeichens, das den Sieg der Griechen vor Troja melden soll. Schon er deutet an, dass im Haus des Herrschers nicht alles zum Besten bestellt ist (V. 18f.). Die paradoxe Charakterisierung Klytaimestras als einer Frau mit dem Herzen und den Plänen eines Mannes (V. 11) und die vagen Worte des Wächters, mit denen er auf die Zustände im Haus anspielt (V. 36–39), lassen für Agamemnons Rückkehr Schlimmes befürchten. In der Párodos, dem Einzugslied des Chores, der längsten zusammenhängenden Chorpartie der griechischen Tragödie (V. 40–257), wird vom Chor argivischer Greise, die im Gegensatz zum Publikum noch nichts von dem Feuerzeichen gehört haben und sich so voller Sorge Gedanken über den schon zehn Jahre währenden Krieg machen, in einer kunstvollen Komposition, einem organischen Ineinandergreifen von erzählenden und reflektierenden Partien, die Vorgeschichte des trojanischen Krieges dargelegt und einer ersten Deutung unterworfen.

Der Bezug zur Vorgeschichte wird schon in den einleitenden Versen hergestellt. Zeus, der Schützer des Gastrechts (Zeus Xenios), hatte die Atriden Agamemnon und Menelaos gegen Troja geschickt, da der trojanische Prinz Paris durch den Raub der Helena gegen das Gastrecht gefrevelt hatte. Doch die Ausfahrt stand unter einem doppelgesichtigen Vorzeichen. Der Refrain »Wehe, ruf wehe voll Leid! Doch das Gute sei siegreich!«, den der Chor in seine Erzählung einflicht, bezieht sich vordergründig auf das doppeldeutige Omen, gleichzeitig jedoch auf den Ablauf der gesamten Trilogie. Zwei Adler, so berichtet der Chor, hätten eine trächtige Häsin geschlagen. Der Seher Kalchas deutet dies – vom Chor in direkter Rede wiedergegeben – als glückverheißendes Vorzeichen: Troja samt seinen Schätzen wird den Griechen als Beute zufallen. Doch zugleich hat das Vogelzeichen eine düstere Seite: Artemis zürnt wegen der Tat des Adlerpaars und könnte deshalb – reflektiert der Seher – den Griechen ungünstigen Wind senden und die Abfahrt verzögern. Die Erzählung führt auf die jedem Zuschauer bekannte Opferung der Iphigenie hin, durch die Agamemnon die Göttin versöhnt.

Doch vor diesem Höhepunkt bricht der Chor ab und stimmt einen Hymnos auf Zeus an (V. 160–183). Die überraschende Abwendung von der Erzählung zum Gebet findet ihren Widerhall im Rhythmus: Einfache Trochäen lösen die kunstvollen, chorlyrischen Daktylen der vorangehenden Verse ab. Durch das rhythmische Signal, das seine Entsprechung in der musikalischen Gestaltung und im Tanz der Choreuten gefunden hat, wird die Aufmerksamkeit in besonderer Weise auf den Inhalt der abschließenden dritten Strophe (V. 176–183) gelenkt, die die für die Interpretation der Trilogie und für die Deutung der aischyleischen Tragödien insgesamt entscheidenden theologischen Aussagen enthält:

> Zeus, der die Menschen den Weg zum vernünftigen Denken
> Zeigte, der den Satz ›Durch Leiden Erkenntnis‹ festsetzte und
> Ihm Gültigkeit verlieh; es tropft im Schlaf vor das Herz
> Leidgedenkende Mühsal; auch zu solchen, die es nicht wollen,
> Kommt Vernunft; irgendwie gibt es doch eine gewaltsame
> Gunst der Götter, die auf der erhabenen Ruderbank sitzen.

Zeus' Herrschaft wird als eine harte Erziehung der Menschen zur Einsicht (*σωφροσύνη/sophrosýne*) erklärt, als eine Erziehung, die sich des pädagogischen Leitsatzes ›durch Leiden lernen‹ bedient. Die Einsicht kommt selbst zu denen, die sich ihr verschließen. So ist die Herrschaft des höchsten Gottes geprägt einerseits durch Gewalt, Zwang und Härte, andererseits jedoch durch Gunst (χάρις/*cháris*), da der Mensch sich letztlich nicht einem willkürlichen Treiben undurchschaubarer Mächte ausgesetzt sieht, sondern durch das ihm widerfahrende Leid zur Einsicht in sein eigenes Handeln und das von den Göttern gegebene Gesetz der Welt kommen kann.

Auf diese Theodizee lässt der Chor die Fortsetzung der Vorgeschichte folgen. Aischylos bleibt zunächst bei derselben metrischen Form – die Verse 184–191 stellen die Gegenstrophe zur abschließenden Strophe des Hymnos dar – und gibt damit einen deutlichen Hinweis darauf, dass die folgende Schilderung der Ereignisse in Aulis unter dem Blickwinkel der im Hymnos entwickelten Theodizee zu sehen ist. Die befürchtete Windstille tritt ein, und der Seher Kalchas drängt darauf, Artemis' Zorn durch ein letztes Mittel, Iphigenies Opferung, zu besänftigen. Wie Pelasgos in den *Hiketiden* sieht sich Agamemnon einem tragischen Entscheidungszwang ausgesetzt: Wie er sich auch entscheidet, er lädt Schuld auf sich (V. 206–216):

> Schwer ist mein Los, wenn ich nicht gehorche;
> Schwer aber ist es, wenn ich mein Kind schlachte,
> Des Hauses Kleinod,
> Besudelnd mit jungfrauenmordenden Blutströmen
> Die väterlichen Hände
> Nah am Altar: Was ist davon ohne Schuld?
> Wie kann ich schiffsflüchtig werden und
> Das Bündnis verletzen?
> Recht ist's, wenn es mich nach dem Groll der Göttin
> Und jungfräulichem Blut [hemmenden Opfer
> In übergroßem Eifer verlangt. Gut möge es ausschlagen!

Die Schuld des Königs liegt ähnlich wie die des Eteokles in den *Sieben* darin, dass er sich, von einem inneren Impuls getrieben, für den Tod der Tochter entscheidet. Der Chor fährt mit der ergreifenden Schilderung der Vorbereitungen für Iphigenies Tod fort, die in krassester Weise die Grausamkeit des Vaters vor Augen führt, bricht jedoch vor dem Ende, der Opferung des Mädchens, ab, um noch einmal den Leitgedanken der Párodos zu wiederholen: Dike, die Göttin des Rechts, möge denen, die Leid ertragen haben, Einsicht gewähren (V. 250f.).

Die beiden folgenden Szenen knüpfen an die Handlung des Prologs an: Zunächst (V. 258–354) beendet Klytaimestra die Ungewissheit der Alten und berichtet ihnen von dem Siegessignal, dann (V. 489–680) wird von einem Boten die bevorstehende Ankunft Agamemnons verkündet.

Die spannungsgeladene Atmosphäre von Prolog und Párodos wird in diesen beiden Szenen noch verstärkt, da die Freude über den Sieg vor dem düsteren Hintergrund von Schuld und Sühne in ein unheimliches Zwielicht gerät: Klytaimestras Wunsch (V. 320ff.), dass bei der Eroberung Trojas eine ungezügelte Leidenschaft die Sieger nicht zu frevelhaften Handlungen hinreißen soll, kann nicht in Erfüllung gehen, wie jeder Zuschauer aus seiner Kenntnis der homerischen Epen weiß. Die Freveltaten der Griechen gegen Götter und Menschen der besiegten Stadt haben die göttliche Vergeltung herausgefordert.

In dem auf die Klytaimestra-Szene folgenden Lied (V. 355ff.) geht der Chor vom Siegesjubel zu der besorgten Erwägung über, dass der, der im Sieg viel Blut vergoss, der Vergeltung der Götter nicht entgehen kann. Der Gegensatz von Sieg und Verhängnis, die Nähe von Erfolg und Untergang klingt noch mit in der Rede des Herolds, der nach der naiven Begrüßung der Heimat von dem Unwetter berichtet, das die griechische Flotte auf der Rückfahrt zermalmte und nur den Heerführer verschonte – zu einem schlimmeren Los, wie der Zuschauer weiß. Dies wird in der unmittelbar folgenden Chorpartie angedeutet (V. 681–782). Hinter der vordergründigen Ebene, dem Räsonieren über Paris' Schuld, wird die theologische Dimension sichtbar: Schuld zeugt neue Schuld.

Es folgt die aus verschiedenen Perspektiven vorbereitete Heimkehr Agamemnons und sein Zusammentreffen mit Klytaimestra. Der Höhepunkt der Handlung stellt ein Meisterstück der Charakterisierungskunst und dramatischen

Technik des Aischylos dar. Klytaimestra begrüßt ihren Gatten nicht, sondern hält, zunächst an den Chor gewandt, eine Art von Verteidigungsrede, in der sie ihr trauriges Schicksal während der Abwesenheit ihres Mannes betont (V. 855–876) und, nun an Agamemnon sich wendend, Orests Abwesenheit rechtfertigt, bevor sie mit schmeichlerischen Worten ihren Gatten dazu auffordert, über einen Purpurteppich den Palast zu betreten. Dieser, taub für den Trug seiner Frau, betritt, nachdem er sich zunächst noch geweigert hat, den ihm als Sieger zustehenden Teppich. Der Verstoß gegen das von ihm selbst kurz zuvor geäußerte Gebot, sich nicht göttliche Ehren anzumaßen und auch im Sieg Bescheidenheit walten zu lassen, lässt ihn auf dem blutroten Teppich blind in seinen Tod gehen. Das griechische Wort für ›betreten‹ (*πατεῖν/pateín*) in den Versen 957 und 963 kann auch ›niedertrampeln‹ bedeuten – indem Agamemnon den Teppich betritt, zertritt er seine Macht und sein Leben. Die Gewalt, die Klytaimstra, die Frau mit dem Herzen eines Mannes (V. 11), über Agamemnon ausübt, wird auch in der Inszenierung deutlich: Klytaimestra tritt aus dem Palast, dem Ort des Grauens, dem von Greueltaten befleckten »Menschenschlachthaus« des Atreus (V. 1092), und schaut von oben, von der Bühne herab, auf ihren ankommenden Gatten. Die räumliche Distanz zwischen den beiden ist sinnbildlicher Ausdruck ihrer Fremdheit nach zehn Jahren und all dem, was inzwischen geschehen ist.

Den wirkungsvollen Gegensatz zu Agamemnons Blindheit bildet die Hellsichtigkeit Kassandras, Agamemnons Anteil an der trojanischen Beute. Schweigend, auf Agamemnons Wagen gekauert, hat sie mitangesehen, wie der König ins Haus gelockt wurde. Dreimal wird sie von Klytaimestra aufgefordert, ihr in den Palast zu folgen (V. 1035–1068), dreimal reagiert sie nicht und gibt keine Antwort. Während in der vorigen Szene Agamemnon den schmeichlerischen Worten Klytaimestras nachgab, gibt nun Klytaimestra angesichts der Verstocktheit der gefangenen Seherin auf und geht in den

Palast zurück. Erst jetzt bricht Kassandra ihr Schweigen mit dem rituellen Klageruf (V. 1072ff.) und schildert in einer Vision den Mord, der sogleich im Palast verübt werden wird: Im Bad, in einem Netz gefangen, wird Agamemnon von Klytaimestra erschlagen. Mit ihrer Prophetie öffnet Kassandra gleichzeitig den Blick auf den größeren Zusammenhang, in dem man Agamemnons Ermordung zu sehen hat: Das grausame Geschehen hat seine Wurzeln im Fluch des Atridengeschlechts (V. 1090ff.). Das ›Haus‹ – und zwar in der Bedeutung von ›Geschlecht‹ und von ›Palast‹ – der Atreus-Söhne zeugt durch Freveltaten neue Frevel, wie der Chor zuvor in allgemeinerem Zusammenhang gesungen hat. Noch einmal, nun im ruhigen Sprechvers, im iambischen Trimeter, nach den aufgeregten Metren der Vision, deutet Kassandra dem Chor ihre Worte und nennt deutlich den Fluch, der auf dem Atridenhaus lastet (V. 1178ff.), bevor sie freiwillig, im vollen Bewusstsein des nahen Todes, den Palast betritt.

Die Kassandra-Szene hat zunächst die Aufgabe, das ›hinterszenische‹ Geschehen, Agamemnons Ermordung, in einer Vision vorwegzunehmen, die als lyrische Partie in dem zu exaltierten Stimmungen passenden dochmischen Versmaß komponiert ist. Die kühne Neuerung des Dichters besteht darin, dass er dadurch den konventionellen Botenbericht ersetzt, in dem Ereignisse, die auf der Bühne nicht dargestellt werden können, ausführlich dargelegt werden. Im Ganzen des Stückes und der Trilogie betrachtet, stellt Kassandras Prophetie den Kristallisationspunkt dar, in dem sich die Andeutungen, die in der Prologrede und dem Bericht des Herolds fielen, sowie die Befürchtungen und Reflexionen des Chors zu einer einzigen grausamen Gewissheit verdichten, so dass Agamemnons Ermordung nur als eine unausweichliche Stufe der göttlichen Vergeltung an Atreus' Haus erscheint.

In diesen beiden Szenen, Agamemnons Rückkehr und Kassandras Vision, fügen sich Bühne und Requisit, Konvention und Innovation, Rhythmus, Musik, Tanz und Sprache, Theologie und dramatische Handlung zu einer unnachahmlichen Einheit zusammen. Der Bühnenhintergrund, Atreus' Haus, wird durch Kassandras Vision als »Menschenschlachthaus« symbolhaft mit Bedeutung aufgeladen. Indem Agamemnon, Klytaimestras Schmeicheleien nachgebend, den purpurroten Teppich betritt, unterliegt er schon hier seiner Gattin; er geht in sein Verderben und macht sich gleichzeitig eines Frevels gegen die Götter schuldig. Die Entfremdung von Klytaimestra und Agamemnon wird augenfällig ausgedrückt durch den Raum, der sie voneinander trennt. Aischylos übernimmt in dieser Szene zwar den dritten Schauspieler (Kassandra), den Sophokles eingeführt hatte, doch er lässt ihn schweigen, um ihn dann in der folgenden Szene sein Schweigen in der Vision umso wirkungsvoller brechen zu lassen.

Die Spannung nach Kassandras Abgang erhält durch den zweifachen Todesschrei Agamemnons (V. 1343, 1345) ihre furchtbare Lösung. Der Chor, der bisher als Einheit, als Gruppe agierte, teilt sich nun in zwölf Einzelstimmen, die sich beraten, was zu tun sei. Da öffnet sich das Tor des Palastes, Klytaimestra tritt heraus und auf dem Ekkyklema (s. S. 28) werden die Leichen Agamemnons und Kassandras sichtbar; auf der ›Sonderbühne‹ wird die Innenszene als Tableau nach außen gerollt. Klytaimestra tritt vor den Chor, enthüllt reuelos, ganz ihrer Charakterisierung entsprechend (V. 10f.), den entsetzten Alten die Motive ihrer Tat: Iphigenies Opferung in Aulis und Agamemnons Liebesbeziehung mit Chryses' Tochter vor Troja sowie mit Kassandra, die er ihr gar ins Haus zu bringen sich erdreistete. Als der Chor jedoch den Leitspruch aischyleischer Theologie anführt, ›wer handelt, muss auch leiden‹ (V. 1564), wird sie in ihrer Selbstsicherheit erschüttert. Sie wälzt die Verantwortung fur den Gattenmord von sich auf den Dämon, der auf Atreus' Haus lastet, als dessen Werkzeug sie sich betrachtet und mit dem sie einen Pakt schließen will, damit mit Agamemnons Tod die Kette von Freveltat und Vergeltung ein Ende habe.

Die Schlussszene (V. 1577ff.) bringt das Zusammentreffen des Chors mit Aigisthos, der sich großsprecherisch als Rächer an Atreus' Sohn Agamemnon hinstellt. Nur Klytaimestras Eingreifen kann Handgreiflichkeiten zwischen den aufgebrachten Alten und Aigisthos verhindern. Die Erwähnung von Orest, vom Chor als Drohung gegen Aigisth vorgebracht (V. 1667), öffnet den *Agamemnon* auf das zweite Stück der Trilogie, die *Choëphoren*, für die der Chor mit seinem »Leiden muss, wer handelt. Denn das ist festgesetzt!« (1564) gleichsam das Leitmotiv gegeben hat.

Das zweite Stück der *Orestie*, die *Choëphoren* (*Die Weihgussträgerinnen*), weist ein dem *Agamemnon* vergleichbares Handlungsgerüst auf. Im Mittelpunkt steht der Mord, den Orest an seiner Mutter verübt. Im ersten Teil wird wie im *Agamemnon*, begleitet von einer sich steigernden Spannung, die Tat vorbereitet (V. 1–652); nach dem Mord (V. 653–972) erfolgt im Schlussteil (V. 973–1076) der Zusammenbruch des Täters und die Öffnung des Stückes auf die abschließenden *Eumeniden* hin, da Orest in seiner auf den Mord folgenden geistigen Verwirrung sich von den Erinyen verfolgt sieht.

Die *Choëphoren* weisen Motive und Handlungselemente auf, die für die Entwicklung des griechischen Dramas, insbesondere der euripideischen Tragödie und der Neuen Komödie des 3. und 2. Jahrhunderts v. Chr., von größter Bedeutung waren. Beim Herannahen des Chores trojanischer kriegsgefangener Frauen, die Elektra auf ihrem Gang zu Agamemnons Grab begleiten – sie soll dort auf Klytaimestras Befehl, die durch einen Unheil verheißenden Traum in Angst versetzt ist, Weihgussspenden darbringen (daher der Titel der Tragödie) –, treten Orest und Pylades zurück, um in einer ›Lauscherszene‹, die später, in der Neuen Komödie, zu besonderer Beliebtheit gelangte, die Ereignisse zu beobachten (V. 22–83). Es folgt an Agamemnons Grab die Wiedererkennung der beiden Geschwister (›Anagnórisis‹) mit Hilfe von Erkennungszeichen (›Gnorísmata‹): Orest hatte vor dem Herannahen der Frauen eine Locke als Opfer auf Agamemnons Grab gelegt. Elektra findet die Locke und folgert, dass nur ihr Bruder sie als Weihegabe gesandt haben könne, da sonst niemand inmitten all der Feinde am Grab ihres Vaters ein solches Opfer darzubringen wage und zudem die Locke ihrem eigenen Haar gleiche. Als sie gar die Fußspuren von Orest und Pylades entdeckt und sich zeigt, dass der Fußabdruck Orests genau ihrem eigenen entspricht, ist sie sicher: Ihr Bruder ist heimgekehrt. In diesem Augenblick tritt Orest aus seinem Versteck und gibt sich seiner Schwester zu erkennen. Letzte Gewissheit erhält Elektra durch ein von ihr gewebtes Gewand, das er trägt. Der Mittelteil (V. 653–972) ist geprägt von der Intrige, die zum Tod von Klytaimestra und Aigisthos führt. Während im *Agamemnon* das Komplott bis zur Tat verdeckt blieb, wird in den *Choëphoren* der Anschlag auf der Bühne geplant. Orest soll als durchreisender Fremder seinen eigenen Tod melden, um auf diesem Weg Einlass in den Palast zu erhalten. Als retardierendes, die Spannung erhöhendes Moment kommt hinzu, dass Aigisth nicht zu Hause ist und Klytaimestra Orests alte Amme aussendet, um ihren Mann samt seiner Leibwache herzuholen. Nur das Eingreifen des Chors, der auf der Seite der Geschwister steht und der Amme zu verstehen gibt, sie solle Aigisth auffordern, allein, ohne seine Leibwächter, in den Palast zu kommen, verhindert ein Scheitern des Planes.

Die für die Interpretation der *Choëphoren* wesentliche Partie ist der ›Kommós‹ (›Totenklage‹, V. 306–478), ein Wechselgesang, zu dem sich Orest, Elektra und der Chor an Agamemnons Grab vereinen. Die Deutungen dieser lyrischen Partie sind konträr. Die Diskussion dreht sich vor allem um die Frage, ob Orest erst im Kommós zu dem Entschluss kommt, seine Mutter zu töten, ob man im Kommós also eine tragische Entscheidungssituation sehen kann, vergleichbar mit der des Pelasgos in den *Hiketiden*, oder ob Orest sich schon vor dem Kommós zur Tat durchgerungen hat, und wenn dies der Fall ist, welche Aufgabe dann der umfangreichen Partie im Zusammenhang der Tragödie zufällt.

Eine Überprüfung von Orests Aussagen vor dem Kommós ergibt eindeutig, dass der Entschluss zum Muttermord von Anfang an fest gefasst ist. Orest hat von Apollon den ausdrücklichen Befehl erhalten, die Tat durchzuführen; andernfalls droht der Gott mit fürchterlichen Strafen (V. 269ff.). Orest betont sogar, dass seine eigenen Wünsche mit dem Spruch des Gottes zusammenfallen (V. 299ff.). Das Verlangen, den Vater zu rächen, und seine würdelose Existenz als Verbannter, der nicht in seinem angestammten Besitz, seiner angestammten Herrschaft leben kann, treiben ihn zur Tat. Der persönliche Antrieb erhält seine Legitimation durch den göttlichen Befehl. Somit kommt nicht erst im Kommós zu Apolls Gebot Orests Wille zur Tat hinzu, nicht erst im Kommós wird Orest vom Werkzeug des Gottes zum selbständigen Täter, sondern von Anfang an bejaht Orest den Befehl des Gottes. Eine weitere Stütze für diese Auffassung findet man in den Versen 899ff.: Orest verliert angesichts der Brust seiner Mutter, die um Gnade fleht, allen Mut und wendet sich, Rat suchend, an seinen Freund Pylades (V. 899: »Pylades, was soll ich tun? Soll ich davor zurückschrecken, die Mutter zu töten?«), der nur an dieser entscheidenden Stelle sein Schweigen bricht, den Gefährten an Apolls Orakel erinnert und ihn damit zur Tat treibt (V. 900–903):

> Was gelten dann künftig die Orakel Apolls,
> Die in Delphi gegebenen, und die festen Eide?
> Habe lieber alle anderen zu Feinden als die Götter!

Diese Durchbrechung des Schweigens würde ihren bühnenwirksamen Effekt verlieren, wenn sie nicht in der Krise, in dem Moment erfolgte, in dem es gilt, den Zagenden an seinen Entschluss zu erinnern und ihn zur Entscheidung zu treiben.

Eine strukturelle Analyse des Kommós kann bei der Interpretation weiterhelfen. Die Partie zerfällt in drei größere

Abschnitte, wobei der jeweilige Wechsel des Aufbauprinzips parallel zum Wechsel der Thematik erfolgt:

Im ersten Teil (V. 306–409) liegt die alternierende, mehrfach wiederholte Abfolge Chor – Orest, Chor – Elektra vor. Leitendes Motiv dieser Partie ist die Totenklage der Geschwister um Agamemnon (V. 321, 335). In den einleitenden Versen zitiert der Chor jedoch ein altes Sprichwort (V. 313f.), das auch im *Agamemnon* erklang: »Leiden muss, wer handelt«. Damit tritt zur Klage um den Vater der Gedanke der Rache. Dem Chor fällt in diesem Abschnitt die Aufgabe zu, die Geschwister vom Abgleiten in allgemeine Reflexionen abzuhalten (z.B. V. 372–379) und immer wieder die Forderung der Tat in den Mittelpunkt zu rücken (z. B. V. 324–331, 340–344, 386–391).

Im zweiten Teil des Kommós (V. 410–455) wird die alternierende Abfolge der Gesangspartien aufgegeben und ein neues Thema angeschlagen: der Ehrverlust, der dem Vater durch das erbärmliche Begräbnis, vor allem durch die Verstümmelung seines Leichnams, und Elektra durch ihre würdelose Stellung bei Hofe zuteilwurde. Die Schuld trägt allein Klytaimestra.

Im Schlussteil des Kommós (V. 456–478), in dem wieder die Personenverteilung wechselt, wird zunächst in einer Ringkomposition durch den Anruf Agamemnons der Bogen zum Beginn des Kommós zurückgeschlagen, bevor der Beistand der chthonischen Gottheiten, der Götter und Göttinnen der Unterwelt, erfleht wird.

Die knappe Skizzierung der Struktur und des Inhalts dürfte deutlich gemacht haben, dass in der umfangreichen Partie in lyrischer Form die persönlichen Beweggründe, die Orest vor dem Kommós anführte – die Schmach, die dem Vater widerfuhr und nach Vergeltung verlangt, und die eigene ehrlose Stellung –, in allen Schattierungen und Brechungen ausgemalt werden. Die beiden schon kurz erwähnten Motive werden durch die grelle Schilderung von Agamemnons Verstümmelung und Elektras Leid mit Leben erfüllt und erhalten nachträglich neben Apollons Spruch, der während des gesamten Kommós nicht zur Sprache kommt, ihre eigene Berechtigung. Indem Klytaimestra mehrfach als die Urheberin des ganzen Unglücks genannt wird, wird der nahende Muttermord gleichsam gefühlsmäßig vorbereitet.

Auch die *Eumeniden* (*Die Wohlmeinenden*) lassen eine klare Dreiteilung der Handlungsstruktur erkennen. Der erste Teil (V. 1–234) spielt in Delphi, wo der von den Erinyen gepeinigte Orest in Apollons Tempel Zuflucht gesucht hat. Er wird von Apollon nach Athen gesandt, um dort vor dem eigens dafür eingesetzten Schwurgericht von seiner Blutschuld freigesprochen zu werden. Der vom Geist Klytaimestras geweckte Chor der Erinyen nimmt die Verfolgung Orests auf und verlässt die Orchestra, um nach einem erneuten, den Ortswechsel anzeigenden Einzug Orest zu umstellen, der auf der Athener Akropolis als Bittflehender Athenas heiliges Holzbild umfasst. Der zweite, auf der Akropolis spielende Teil (V. 235–777) enthält den Prozess, der abschließende dritte (V. 778–1047) bringt die Wandlung der über ihre Niederlage geifernden Rachegöttinnen zu den segenspendenden Eumeniden, den ›wohlmeinenden‹ Gottheiten, denen in Athen eine neue Wohnstatt gewährt wird.

Die *Eumeniden*, besonders Prolog und Párodos, sind reich an Bühneneffekten (s. S. 29f.), die eine wirkungsvolle Steigerung der Spannung herstellen. Mit Orests Vision der Erinyen endeten die *Choëphoren*. Hier hingegen beschreibt die Seherin die Rachegöttinnen als tatsächlich sichtbare Wesen. Als mit den Konventionen der attischen Bühne vertrauter Zuschauer könnte man erwarten, dass die Worte der Seherin eine Art ›Botenbericht‹ darstellen, in dem etwas beschrieben wird, das das Auditorium nicht zu sehen bekommt. Nach dem retardierenden Einschub, Apollons und Orests Auftritt, kommt eine weitere Steigerung hinzu: Die bisher nur geschilderten Erinyen werden, von Klytaimestras Stimme aufgeweckt, hörbar, bevor sie schließlich als Höhepunkt eine nach der anderen auftreten, nicht durch die Eisodoi, die in die Orchestra führenden Seiteneingänge, sondern durch das Mitteltor der Bühne.

Der Konflikt zwischen jungen und alten Göttern, der bei der Vertreibung der Erinyen aus dem delphischen Heiligtum zum ersten Mal entbrennt, findet seine volle Entfaltung in der Gerichtsverhandlung vor dem Geschworenengericht attischer Bürger unter Athenas Vorsitz, dessen Urteil sich die beiden Parteien zu unterwerfen versprechen. Die Argumentation vor allem der Verteidigung Orests durch Apollon mag dem heutigen Leser angesichts der Tatsache, dass diese Szene die Lösung der Konflikte der ganzen Trilogie bringen soll, dabei seltsam unsachlich und überspitzt vorkommen. Mit der Gerichtsverhandlung huldigt Aischylos einerseits sicherlich dem Geschmack des Publikums, das an derartigen spitzfindigen Auseinandersetzungen Gefallen fand, wie vergleichbare Szenen aus Tragödien und vor allem Komödien zeigen, andererseits jedoch ist nicht die Argumentation das Wesentliche, sondern die Tatsache, dass die unheilvolle Kette von Tat und Vergeltung, das Gesetz der Blutrache, das die Erinyen verkörpern, in einem ordentlichen Gerichtsverfahren aufgehoben wird; Rechtsstaatlichkeit ersetzt die verhängnisvolle Abfolge von Rache und Blutschuld. Orest wird freigesprochen, doch freigesprochen mit Stimmengleichheit, wobei die entscheidende Stimme von der Göttin als der Präsidentin des Gerichts kommt. Nach menschlichem Urteil wäre Orest schuldig gesprochen worden, nur die Stimme Athenas bringt den Freispruch.

Die Erinyen, die sich wegen dieser Niederlage völlig aus ihrem angestammten Aufgabenbereich gestoßen sehen, drohen Athenas Stadt mit Seuchen und Unheil. Doch Athena, die ihnen göttliche Ehren als Eumeniden verheißt, kann sie nach einem zähen Ringen dazu bewegen, von ihrem Groll zu lassen. Ihre alte Aufgabe soll aber nicht gänzlich verschwinden, sondern in einer neuen gesetzlichen Ordnung im Hegel'schen

Sinne ›aufgehoben‹ sein. Denn, wie die Erinyen vor dem Prozessbeginn sangen, »oftmals bewirkt, was Furcht weckt, Heil« (V. 517). Die Androhung der Strafe, die ständige Möglichkeit, dass etwas Furchtbares eintreten kann, soll die Bürger zu einem vernünftigen Zusammenleben nach den Prinzipien des Rechtstaates anhalten und vor allem das größte aller Übel, den Bürgerkrieg, von Athen fernhalten (V. 976–987).

In feierlichem Geleit werden die Eumeniden in der Schlusspartie zu ihrer neuen Heimstatt geführt. Der Wunsch des zweiten Teils des Refrains, der die Párodos des *Agamemnon* durchzog, » Wehe, ruf Wehe voll Leid, doch das Gute sei siegreich!«, erfährt am Ende der Trilogie seine Erfüllung. Nach großem Weh und Leid ist am Ende das Gute siegreich.

Der gefesselte Prometheus

Uranos (›Himmel‹), der Herrscher des Kosmos, verbannt die Hekatoncheiren (›Hundertarmige‹) und die Kyklopen – Nachkommen, die er mit seiner Gattin Gaia (›Erde‹) gezeugt hat – in die Unterwelt. Die verbitterte Muttergottheit überredet ihren Sohn Kronos, an ihrem Mann Rache zu nehmen. Kronos entmannt Uranos mit einer Sichel, aus dem herabfließenden Blut sprießen neue Göttergeschlechter, die Giganten und die Erinyen (›Rachegottheiten‹). Doch auch Kronos lässt seine von Vater Uranos verbannten Geschwister nicht frei. Erzürnt prophezeit ihm die Mutter, dass auch seine Herrschaft durch seine Nachkommen beendet werden wird. Aus Furcht davor verschlingt Kronos die Kinder, die ihm seine Frau Rhea gebiert. Diese rettet Zeus, indem sie ihrem Mann einen Stein statt des Sohnes unterschiebt, den Sohn in einer Höhle auf Kreta zur Welt bringt und dort heimlich aufziehen lässt. Herangewachsen zwingt Zeus Kronos mit Hilfe eines Zaubertrankes dazu, die Geschwister wieder auszuwürgen. Zusammen mit seinen Brüdern und Schwestern besiegt er in einem langen Kampf (›Titanomachie‹) Kronos und die Titanen. Prometheus (›der Vorausdenker‹), ein Sohn des Titanen Iapetos, unterstützt die olympischen Götter, verurteilt aber nach dem Sieg der Olympier Zeus' Gewaltherrschaft und sagt auch ein Ende der olympischen Götter voraus, das jedoch in der Gigantomachie (›Gigantenkampf‹) von Zeus' Sohn Herakles verhindert wird. Prometheus, der Schöpfer der Menschen, zieht durch die Wohltaten, die er seinen Geschöpfen auch gegen den Willen der Götter zukommen lässt, den Hass des Zeus auf sich.

Im *Gefesselten Prometheus* (zur Authentizität s. S. 48) stehen die Bestrafung und das Leid des Menschenfreundes im Mittelpunkt. Zwei antinomische Prinzipien prallen in dem Stück aufeinander: unbeschränkte Macht, vertreten durch Zeus, und Geist in der Person des Prometheus – zwei Prinzipien, so eine mögliche Deutung des Handlungszusammenhangs der gesamten Trilogie, die in den beiden folgenden, nicht erhaltenen Tragödien, der *Befreiung des Prometheus* und *Prometheus, der Feuerbringer*, einer Versöhnung zugeführt wurden, die in der Gründung des attischen Festes zu Ehren des Prometheus, den Prometheia, ihren Ausdruck fand.

Da der Protagonist, Prometheus, auf Befehl des obersten der Götter von Hephaistos sowie dessen Helfern Kratos (›Macht‹) und Bia (›Gewalt‹) als Strafe dafür, dass er den Menschen das Feuer gebracht hat, an einen Felsen des Kaukasus geschmiedet wird (V. 1ff.), ist die Handlung des Stückes notwendigerweise stationär. Prometheus ist durch seine ständige Präsenz das Zentrum des Geschehens, zu ihm kommen die anderen Personen und verlassen dann wieder die Bühne.

Erst als die Schergen des Zeus ihre Arbeit vollbracht und sich entfernt haben, bricht der Titan sein Schweigen und stimmt eine lange Klage an (V. 88ff.). Voller Mitleid nehmen die Töchter des Okeanos (der Chor), auf einem geflügelten Wagen sitzend, am Unglück des Prometheus Anteil. Ungebrochen in seinem Stolz klagt dieser die Willkürherrschaft des Zeus an und droht dem obersten der Götter damit, dass auch er dereinst seine Macht verlieren werde (V. 128ff.). Auf die Frage der Chorführerin nach dem Grund für die harte Strafe betont der Titan, dass er Zeus bei der Machtübernahme im Olymp unterstützt habe. Doch dann hätten die neuen Götter die Menschen völlig vergessen, so dass er sich ihrer erbarmt habe. Dafür müsse er jetzt leiden (V. 147ff.).

Okeanos reitet auf einem Flügelross heran (V. 298ff.). Er rät Prometheus, den schroffen Sinn abzulegen und sich mit den neuen Göttern zu arrangieren (V. 307ff.). Aber der Titan bleibt hart (V. 340ff.). Nachdem Okeanos wieder davongeflogen ist, drückt der Chor seiner Töchter noch einmal sein Mitgefühl mit Prometheus aus (V. 397ff.). Die beschwörenden Worte der Okeaniden bringen diesen dazu, dem Chor ausführlich seine Verdienste um die Menschen darzulegen und seine Leistungen als Kulturbringer herauszustreichen (V. 436ff.).

Es erscheint ein weiteres Opfer des Zeus: Io, die in eine Kuh verwandelte Geliebte des Göttervaters, stürzt herbei, gepeinigt von einer von der eifersüchtigen Hera gesandten Bremse (V. 561ff.). Sie berichtet dem Chor, wie sie von Zeus verführt wurde und was sie seitdem erleiden musste (V. 640ff.). Prometheus prophezeit ihr weitere Qualen (V. 700ff.); erst in Ägypten werde sie Ruhe finden. Dort werde Zeus mit ihr durch bloße Berührung einen Sohn zeugen, der den Namen Epaphos (›Berührungsspross‹) tragen werde. Außerdem lässt Prometheus in aller Kürze das Schicksal der Nachkommen Ios anklingen, das Aischylos in der Danaiden-Trilogie darstellte. Aus Ios Stamm werde schließlich auch sein eigener Retter, Herakles, kommen (V. 871ff.). Io stürzt davon (V. 877ff.). Beeindruckt von ihrem Schicksal preist der Chor eine Ehe unter Gleichen (V. 887ff.).

An den Chor gewandt, fährt Prometheus in seiner Prophezeiung fort (V. 907ff.): Auch die Herrschaft des Zeus werde dereinst ein Ende haben; der Göttervater werde den, der ihn stürzen werde, selbst zeugen. Doch nur er, Prometheus, kenne die Art und Weise des Machtwechsels. Auf Befehl des Zeus erscheint der Götterbote Hermes und versucht vergebens, von Prometheus Genaueres über das Ende seines Herrn zu erfahren (V. 944ff.). Erzürnt über den Starrsinn des Titanen lässt Zeus Prometheus mitsamt den Okeaniden in einem Aufruhr der Elemente versinken (V. 1080ff.).

3. Sophokles

Leben

Sophokles, der Sohn des Sophilos, aus einer wohlhabenden Familie stammend, wurde vermutlich 497/496 in Athen im Demos Kolonos geboren. Eine Generation jünger als Aischylos, erlebte er als junger Mann die außenpolitischen Triumphe der erstarkenden attischen Demokratie. Als 16-Jähriger soll er bei der Feier anlässlich des Sieges der griechischen Flotte über die Perser bei der Insel Salamis den Dankgesang (›Paian‹) angestimmt haben. Wie bei keinem der anderen Dramatiker war Sophokles' Leben geprägt von der Verflechtung von Religion, Kult, Politik und Dichtung, von Athen und der attischen Demokratie. In den Jahren 443/442 bekleidete er das Amt eines Hellenotamias und war somit einer der zehn führenden Männer des attisch-delischen Seebundes, die die Bundeskasse verwalteten. Im Samischen Krieg (441–439) war er 441/440 zusammen mit Perikles, zu dessen engerem Kreis er wohl gehörte, Stratege, also einer der zehn Heerführer, die im Unterschied zu vielen anderen Amtsinhabern der athenischen Demokratie durch Wahl, nicht durch Los eingesetzt wurden. Dasselbe Amt hatte er vermutlich noch einmal 428 inne, in der ersten Phase des Peloponnesischen Krieges, dem sogenannten Archidamischen Krieg (431–421). Als nach der verheerenden Niederlage des athenischen Heeres auf Sizilien die radikale Demokratie, der man die Schuld an der Katastrophe zuwies, eingeschränkt werden sollte, gehörte er 413/412 dem Gremium der Probulen (›Vorberater‹) an, einer dem Rat (›Bulé‹) übergeordneten, vorberatenden Kommission.

Daneben bekleidete Sophokles auch kultische Ämter. Er war Priester des Heros Halon und maßgeblich an der Einführung des Asklepioskultes aus Epidauros in Athen beteiligt (420). Nach seinem Tod wurde er dafür als Heros Dexion verehrt.

Sophokles' Todesjahr 406 ist durch Aristophanes' *Frösche* und die *Musen*, eine wie die *Frösche* 405 aufgeführte Komödie des Phrynichos, gesichert. *Terminus post quem* sind die Großen Dionysien im März/April des Jahres 406, an denen Sophokles seinen letzten Sieg errungen haben soll. Seine Teilnahme an diesem Agon wird durch eine Notiz der Euripides-Vita bestätigt, wenn sie denn glaubhaft ist: Sophokles habe, als er vom Tod des Euripides in Makedonien erfahren habe, den Chor unbekränzt – er selbst im schwarzen Gewand – zum Proagon (s. S. 24) auftreten lassen.

Bereits kurz nach seinem Tod genoss Sophokles gleichsam ›Klassikerstatus‹. In den *Fröschen* heißt es von ihm (V. 82): »In sich ruhend, heiter und zufrieden [*εὔκολος/eúkolos*] war er zu seinen Lebzeiten, und dies ist er nun auch hier in der Unterwelt«, und so hält er sich auch vornehm aus dem Wettstreit zwischen dem dionysisch-archaischen Aischylos und dem sophistisch-modernen Euripides um den Thron der tragischen Muse in der Unterwelt heraus. In dieselbe Richtung geht der Lobpreis des Sophokles in den *Musen* des Phrynichos (Fragment 32, *Poetae Comici Graeci*, Berlin – New York 1989, Bd. 5, 409f.):

> Glückseliger Sophokles, der nach einem langen Leben
> Als glücklicher und rechtschaffener Mann gestorben ist;
> Er hatte einen schönen Tod, nachdem er viele schöne Tragödien
> Gedichtet hatte und nie ein Leid ertragen musste.

Iophon, Sophokles' Sohn aus seiner Ehe mit Nikostrate, war ebenfalls als Tragiker tätig. In dem byzantinischen Lexikon *Suda* werden ihm 50 Stücke zugeschrieben. Erhalten sind lediglich drei Verse aus den *Bakchen* über die Unmöglichkeit, das Göttliche zu erkennen, sowie zwei weitere Verse aus dem Satyrspiel *Die Satyrn als Aulosspieler*. Er siegte bei den Dionysien 435 und belegte 428 den zweiten Platz. In den aristophanischen *Fröschen* (V. 78f.) wird ihm Abhängigkeit von seinem Vater unterstellt, aber nicht unbedingt mangelnde Qualität.

Das angebliche Zerwürfnis zwischen ihm und Sophokles ist sicher anekdotisch, vielleicht gar aus einer Komödie gewonnen. Aus einer Verbindung mit einer gewissen Theoris aus Sikyon hatte Sophokles einen zweiten Sohn namens Ariston, dessen nach dem Großvater benannter Sohn 401 den *Oidipus auf Kolonos* postum aufführte und im 4. Jahrhundert als Tragiker erfolgreich war (Dionysiensiege sind für 387 und 375 bezeugt).

Werk

Sein Debüt als Tragiker gab Sophokles 470, seinen ersten Sieg errang er bereits zwei Jahre später 468. Dass Aischylos aus Groll über die Niederlage die Stadt verlassen habe, ist eine anekdotische Ausschmückung. Auch in der Folgezeit blieb Sophokles der Erfolg treu. Er errang 18 Siege, Dritter, d.h. Letzter, wurde er nie.

Von den 113 Stücken, die Sophokles aller Wahrscheinlichkeit nach schrieb, sind nur sieben auf dem Weg der handschriftlichen Überlieferung erhalten. Dazu kommen 730 ihm zuweisbare Fragmente. Angesichts des geringen Umfangs des Erhaltenen ist es bei Sophokles weit weniger als bei Aischylos und Euripides angeraten, allgemeine Aussagen über das Werk des Dichters zu treffen und von ›sophokleisch‹ zu sprechen. Diese zur Vorsicht ratende Unsicherheit wird dadurch verstärkt, dass von den sieben Stücken lediglich zwei, der *Philoktetes* (409) und der *Oidipus auf Kolonos* (postum 401), datiert sind. Man muss sich also stets bewusst sein, dass Rekonstruktionen, die Entwicklungslinien der sophokleischen tragischen Kunst nachzeichnen, sich immer in Zirkelschlüssen verfangen müssen, zumal sie häufig von unzuverlässigen antiken Nachrichten abhängen oder versuchen, sich jeweils auf die Beschreibung seines Werdegangs als Dichter zu stützen, die der kaiserzeitliche Autor Plutarch (*Moralia* 79B) Sophokles zugeschrieben hat: Zunächst habe er sich aus der Abhängigkeit von Aischylos befreit, dann das Herbe und Gekünstelte abgelegt, bis er es zur Vollendung im Ausdruck der menschlichen Wesensart gebracht habe.

Der hellenistische Philologe Aristophanes von Byzanz (ca. 265–180) berichtet in seiner Einleitung (›Hypóthesis‹) der *Antigone*, Sophokles sei aufgrund der Aufführung dieses Stücks zum Strategen im Samischen Krieg gewählt worden. Damit käme man, wenn denn diese Nachricht historisch zuverlässig sein sollte, auf ein Aufführungsdatum im Jahre 442. Obwohl dies nicht ausgeschlossen sein muss, sind Bedenken angebracht, da die antiken Biographen in der Regel versuchten, die politische und die dichterische Seite von Sophokles' Leben in eine sich gegenseitig stützende Beziehung zu setzen. Für den *König Oidipus* konnten die Jahre 436–433 als Aufführungsdatum wahrscheinlich gemacht werden. *Aias* und *Trachinierinnen* gelten aufgrund der zweigeteilten Struktur (›Diptychonform‹) gemeinhin – aber in der Forschung nicht uneingeschränkt so akzeptiert – als frühe Stücke. Die Charakterisierung der Protagonistin rückt die *Elektra* in die Nähe des *Philoktetes*. Heftig umstritten bleibt jedoch weiterhin das Verhältnis und damit die Priorität von Sophokles' und Euripides' *Elektra*.

Wie Aischylos werden auch Sophokles Innovationen in den Aufführungsbedingungen zugeschrieben. Nach Aristoteles (*Poetik* c. 4, 1449a18 f.) soll Sophokles den dritten Schauspieler und die Bühnenmalerei eingeführt, nach der *Vita* die Zahl der Choreuten von zwölf auf fünfzehn erhöht haben. Sophokles verfasste auch Elegien sowie Paiane. Ob die ihm zugeschriebene Prosaschrift über den Chor, in der er sich mit den ›Urvätern‹ der Tragödie, mit Thespis und Choirilos, auseinandergesetzt haben soll, authentisch ist, bleibt umstritten.

Aias – Trachinierinnen

Die strukturellen Gemeinsamkeiten, die der *Aias* und die *Trachinierinnen* aufweisen, werden durch inhaltliche Berührungspunkte der Tragödien ergänzt. Im Mittelpunkt beider

Stücke steht ein die normalen menschlichen Grenzen überschreitender Held oder sogar Halbgott, dessen Verhalten das Denken und Handeln seiner Mitmenschen bestimmt.

Den Stoff des *Aias* hat Sophokles dem trojanischen Sagenkreis entnommen. In den nicht erhaltenen, in der Antike Homer zugeschriebenen Epen *Aithiopís* und *Kleine Ilias* wird berichtet – so kann man den späteren Exzerpten entnehmen –, wie nach Achilleus' Tod der Streit um die Waffen des gefallenen Helden entbrennt. Die beiden Heerführer der Griechen, Agamemnon und Menelaos, sprechen die Waffen zu Aias' größter Verbitterung – sowohl aufgrund seines Ruhms als auch wegen seiner verwandtschaftlichen Beziehung hatte er Anspruch darauf erhoben – Odysseus zu. Nur durch das Eingreifen der Göttin Athena wird ein Blutbad verhindert, das Aias aus Rache unter den griechischen Heerführern anrichten will. Sie schlägt ihn mit Wahnsinn und treibt ihn gegen das Herdenvieh, das er in dem Glauben niedermetzelt, er töte seine Feinde.

An dieser Stelle des Mythos setzt Sophokles' Tragödie ein: Bereits im Prolog (V. 1–133) spricht die Göttin Athena deutlich aus, dass Aias die den Menschen von den Göttern gesetzten Schranken durchbrochen habe. In unerbittlicher Haltung führt sie dem betroffenen Odysseus, den die Griechen als Späher zu Aias' Zelt gesandt haben, die Hybris des verblendeten Helden vor; sie treibt ihn zu grausigem Prahlen mit seiner Tat, um Odysseus dieses Verhalten als warnendes Beispiel vor Augen zu führen. Aias' maßloses Verhalten wird umso deutlicher im direkten Vergleich mit der Einsicht des Odysseus, der Aias' Schicksal als ein Beispiel für die Vergänglichkeit und Zerbrechlichkeit menschlichen Daseins ansieht (V. 124–126).

Ganz im Gegensatz zum euripideischen Herakles (s. S. 131) ist für Aias ein Weiterleben nach dem Bewusstwerden der im Wahnsinn begangenen Tat nicht möglich. Die Fixiertheit auf sich selbst, auf seine Ehre und seinen Ruhm, ist im Mittelteil der Tragödie, in der Dreierszene von Aias, Tekmessa und dem kleinen Eurysakes, Aias' und Tekmessas Sohn, unübersehbar (V. 525–595). Sophokles beschwört sowohl durch die Abschiedssituation als auch durch wörtliche Anklänge das 6. Buch der *Ilias* (V. 390ff.) herauf, den Abschied Hektors von seiner Frau Andromache und seinem kleinen Sohn Astyanax, wobei vor allem die Unterschiede von Bedeutung sind: Während der homerische Hektor Mitleid mit Frau und Kind empfindet (*Ilias* 6, 484), beachtet der sophokleische Held Tekmessa, die Mutter seines Sohnes, überhaupt nicht und schließt von vorneherein aus, dass Eurysakes sich fürchten könne, wenn er denn wirklich sein Sohn sei – fürchten nicht vor einem wippenden Helmbusch wie der homerische Astyanax, sondern vor dem frisch vergossenen Blut der Tiere. Und während Hektor angesichts der Angst seines Sohnes lachend den Helm absetzt, das Kind in die Arme nimmt und wünscht, es möge zur Freude seiner Mutter als größerer Held, als sein Vater es einst war, aus dem Krieg zurückkehren, lässt Aias sich den kleinen Eurysakes von der Amme in die Arme geben und ordnet an, man müsse ihn wie ein junges Fohlen zureiten und ihn in den rauen Sitten des Vaters erziehen, damit er ein tüchtiger Mann werde – in allem gleich wie der Vater, nur mehr Glück möge er haben. Der homerische Hektor zeigt angesichts seiner Familie menschliche Regungen, Aias bleibt unerbittlich, bleibt hart, nicht seiner Familie, weder seinen Eltern noch seinem Sohn, geschweige denn seinem Halbbruder Teukros oder Tekmessa, verpflichtet, ohne Rücksicht auf seine Untergebenen, die Männer von Salamis (Chor), sondern nur seine Ehre und die Tilgung der Schmach im Auge habend. Als einziger Weg, der Schmach zu entgehen, bleibt ihm der Selbstmord. In seiner Todessehnsucht ruft er die ewige Nacht der Unterwelt (V. 394–409) und die Natur an, die ihn umgibt, die trojanischen Gefilde, in denen er seine Ruhmestaten vollbrachte. Keinen größeren Helden aus dem Heer der Griechen habe Troja gesehen, und der liege jetzt entehrt am Boden (V. 412–427).

Da Aias erkennt, dass er nicht auf Verständnis für sein Verhalten stößt, stellt er sich in einer Rede (V. 646–692) als einen besonnenen Mann dar, der zur Einsicht gekommen sei, seinen starren Sinn aufgegeben habe und sich nun an einem abgelegenen Ort von der Bluttat entsühnen wolle, um Athenas Gunst wiederzugewinnen – in einer ›Trugrede‹, wie sich sogleich herausstellen wird und wie der zeitgenössische Zuschauer aus seiner Kenntnis des Mythos wusste: Die Entsühnung, von der Aias in doppeldeutigen Worten spricht, wird durch sein eigenes Blut geleistet. Den Erfolg von Aias' Trugrede zeigt der Jubelgesang des Chores (V. 693–718). Doch die Freude ist nur von kurzer Dauer: Ein von Aias' Halbbruder Teukros gesandter Bote berichtet dem Chor und der später hinzutretenden Tekmessa von einem Orakel des Sehers Kalchas (V. 719ff.): Nur den heutigen Tag solle man Aias in seinem Zelt halten, wenn man sein Leben retten wolle; denn nur heute werde er vom Zorn der Göttin verfolgt. Doch das Orakel kommt zu spät. Aias hat sein Zelt verlassen, sein Schicksal ist nach göttlichem Willen besiegelt. Bezeichnend für menschliches Verhalten ist die Reaktion Tekmessas: Sie fordert den Chor auf, sich unverzüglich auf die Suche nach Aias zu machen (V. 803ff.) – obwohl nach dem Orakelspruch alles schon entschieden ist, wird sie doch noch von der Hoffnung getrieben, Aias rechtzeitig zu finden und sein Leben zu retten.

Durch den Auszug des Chores während des Stückes (V. 813f.) – ein äußerst seltenes Phänomen in der griechischen Tragödie – hat Sophokles die Möglichkeit geschaffen, den Helden in völliger Vereinsamung seine letzte Rede halten zu lassen (V. 815–865). Nur noch die Natur, die troische Landschaft als Stätte seiner Heldentaten, die ferne Heimat und der nahe Tod bleiben ihm als Ansprechpartner (V. 859–865):

O Licht! O heiliges Land der Heimat
Salamis, Wohnsitz des väterlichen Herds,
Und berühmtes Athen und das verwandte Volk der Athener,
Und ihr Quellen und ihr Flüsse hier und du, troische

Ebene – euch spreche ich an: lebt wohl, die ihr mich genährt [habt!
Das sagt euch Aias als letztes Wort,
Alles andere werde im Hades ich denen dort unten erzählen.

Der Wiedereinzug des Chors (V. 866) eröffnet den zweiten Teil der Tragödie. Selbst über den Tod hinaus bestimmt Aias die Handlungen und das Schicksal seiner Mitmenschen: Die Seeleute sehen durch Aias' Tod ihre Sicherheit, vor allem ihre Heimfahrt, Tekmessa ihre ganze Existenz gefährdet. Auch die Rede des dazukommenden Teukros kreist um die Folgen, die der Selbstmord seines Halbbruders für ihn, den von allen verachteten Bastard, haben wird, den bisher Aias' Ansehen vor sämtlichen Anfeindungen schützte (V. 992ff.). Der Gruppe der durch Aias' Tod unmittelbar Betroffenen stehen die beiden Heerführer Agamemnon und Menelaos gegenüber, die mit der Arroganz der Überlegenen voller Hass die Bestattung des toten Feindes verhindern wollen (V. 1047ff., 1226ff.). Erst Odysseus' Eingreifen (V. 1318ff.) bringt die Wende. Wie schon im Prolog ist er als ein maßvoller Mensch gezeichnet, der Agamemnons Pochen auf die Schuld, die Aias durch seinen Mordanschlag auf sich geladen hat, die Einhaltung der göttlichen Gesetze entgegenhält und sich – anders als Antigone – mit seinen Argumenten durchsetzt.

Der Stoff der *Trachinierinnen* entstammt dem Herakles-Mythos. Im Mittelpunkt des Dramas stehen Herakles, der Sohn des Zeus und der Alkmene, und seine Gattin Deianeira. Der Stiefvater des Herakles, Alkmenes Gatte Amphitryon, wird wegen eines unabsichtlich verübten Mordes aus der Argolis nach Theben vertrieben. Dort heiratet Herakles die thebanische Prinzessin Megara. Von der eifersüchtigen Hera mit Wahnsinn geschlagen, ermordet er seine Kinder (vgl. Euripides, *Der rasende Herakles*). Um die Tat zu sühnen, begibt er sich in den Dienst seines Vetters Eurystheus, für den er die bekannten zwölf Heldentaten verrichten muss. Nach dem Frondienst übergibt Herakles seine Frau Megara der Obhut eines Freundes und wirbt um Iole, die Tochter des Königs Eurytos von Oichalia. Dieser hatte die Hand seiner Tochter dem versprochen, der seine Söhne und ihn selbst im Bogenschießen übertreffen würde. Obwohl Herakles siegt, verweigert ihm Eurytos die Hand seiner Tochter. Da stürzt dieser Iphitos, den ältesten Sohn des Eurytos, in einem Zornesausbruch von der Stadtmauer. Zur Sühnung dieser Mordtat muss Herakles bei der lydischen Königin Omphale Sklavendienste leisten. Auf der Heimreise von Lydien freit er in Kalydon um Deianeira, die Tochter des Königs Oineus, und obsiegt in seinem Werben gegen den Flussgott Acheloos, der ebenfalls um Deianeira anhält. Auf dem Weg nach der in der Nähe der Insel Euböa auf dem Festland gelegenen Stadt Trachis, wo er nach der Ermordung des Iphitos Zuflucht gefunden hatte, kommen Herakles und Deianeira an den Fluss Euenos. Während Herakles den Fluss durchschreitet, vergreift sich der Kentaur Nessos, der Reisende auf den Schultern hinüberzutragen pflegt, an Deianeira und wird von Herakles durch einen Pfeil getötet. Sterbend rät der Kentaur der Frau, etwas von seinem Blut aufzufangen; es sei ein Mittel, um die Liebe ihres Mannes wieder zu entfachen, wenn sie zu schwinden drohe. Von Trachis aus zieht Herakles noch einmal nach Oichalia, um Rache für die Schmach zu nehmen, die ihm von Eurytos angetan wurde. Sophokles ändert in seiner Tragödie den Mythos dahingehend, dass Herakles Deianeira heiratet, bevor er um Iole anhält, und dass sich die Vergeltungsaktion gegen Eurytos unmittelbar an seinen Dienst bei Omphale anschließt.

In den *Trachinierinnen* liegt eine spiegelbildliche Umkehrung der im Aias verwendeten Diptychonform vor: Während Aias im ersten Teil der Tragödie durch seine Anwesenheit und im zweiten durch seinen Tod, den Streit um das Begräbnis, den Ablauf des Geschehens bestimmt, beeinflusst Herakles in den *Trachinierinnen* im ersten Teil (V. 1–946) durch die bloße Nachricht von seinem Kommen die Gedanken und das Handeln all derer, die auf ihn warten, bevor er im Schlussteil der Tragödie selbst erscheint (V. 971–1278), so dass er, obwohl er nur das letzte Drittel des Stücks auf der Bühne ist, doch wie Aias die Zentralfigur der Tragödie darstellt. Durch diesen Aufbau räumt Sophokles der Darstellung des normalen menschlichen Verhaltens einen größeren Raum ein. Der Zuschauer erlebt zunächst die Sorgen eines Menschen, der von Herakles' Heldentum unmittelbar betroffen ist, und er erlebt, wie Herakles' Gattin Deianeira unter der ständigen Abwesenheit ihres Mannes leidet.

In die Atmosphäre von Unruhe und Besorgnis, die Prolog (V. 1–93) und Párodos (V. 94–140) beherrscht, bringt ein Bote Erlösung, der Herakles' baldige Ankunft meldet (V. 180ff.). Die anschließende lange Szenenfolge (V. 225–496) ist eine kunstvolle Verknüpfung von Wahrheit und Trug, von Sein und Schein. Deianeiras Freude über die Heimkehr des Gatten ist echt, ebenso ist das Mitleid mit Iole, Herakles' Geliebter, die sie unter den Kriegsgefangenen entdeckt, Ausdruck eines echten Gefühls. Der Bericht von Herakles' treuem Diener Lichas über den Rachefeldzug seines Herrn gegen den König Eurytos scheint ebenfalls der Wahrheit zu entsprechen (V. 248ff.). Doch der Bote, der kurz darauf erscheint (V. 335) und mitteilt, dass Herakles allein wegen des Verlangens nach Iole den Feldzug unternommen habe, bringt die Wende: Nachträglich erweist sich Lichas' Schilderung als Trug, der schließlich mit der Wahrheit herausrücken muss (V. 391ff.), während nunmehr Deianeira, indem sie sich als verständige Ehefrau zeigt, diese Einsicht nur vorspielt und doch paradoxerweise – wie Aias in seiner Trugrede – in der Verstellung die richtige Einsicht in den Lauf der Welt äußert: Es hat keinen Sinn, sich gegen Unabänderliches aufzulehnen. Erst später (V. 531ff.) deckt sie gegenüber den Mädchen des Chores ihren tatsächlichen Gemütszustand auf. Sie wolle einem offenen Konflikt ausweichen und durch geheime Mittel, durch das Blut des Kentauren Nessos, die Liebe ihres Gatten zurückgewinnen, indem sie sein Gewand mit dem Zaubermittel bestreiche.

Zu spät durchschaut Deianeira die List des sterbenden Nessos, zu spät erkennt sie die verheerenden Kräfte des Kentaurenblutes (V. 663ff.). Sie hat Herakles das todbringende Gewand bereits überbringen lassen. Ihre düsteren Vorahnungen erhalten die Bestätigung durch ihren Sohn Hyllos, der berichtet, wie Herakles, nachdem er bei einem Opfer das Gewand angelegt habe, durch das Gift bei lebendigem Leibe zerfressen werde (V. 734ff.). Stumm – wie Eurydike in der *Antigone* (V. 1243) – geht Deianeira in den Palast (V. 812), kurz darauf (V. 871ff.) wird dem Chor von der Amme ihr Selbstmord mitgeteilt. Vor ihrem Tod habe die Herrin Abschied von ihrem Lebensbereich genommen, indem sie Haushaltsgeräte berührt und sich in völliger Verzweiflung auf das Ehebett geworfen habe.

Im Gegensatz zu Deianeira stirbt Herakles, der in der Schlussszene auf die Bühne getragen wird (V. 971ff.), unter Wutausbrüchen. Selbst auf dem Sterbebett zwingt er den anderen seinen Willen auf: Man solle ihn auf dem Berg Oita lebendig verbrennen, um ihn von seinen Qualen zu befreien; sein Sohn Hyllos solle nach seinem Tod Iole zur Frau nehmen. Sein Rasen und Toben bricht erst zusammen, als ihm Hyllos von dem verhängnisvollen Kentaurenblut erzählt. Erst jetzt, zu spät, erkennt Herakles den Zusammenhang zwischen den zwei an ihn ergangenen Orakeln, die ihm das Ende aller Mühen und den Tod durch einen Toten voraussagten, und fügt sich in sein Schicksal (V. 1157ff.).

Antigone

Die Handlung der *Antigone* setzt einen Tag nach den in Aischylos' *Sieben gegen Theben* dargestellten Ereignissen ein. Kreon, Iokastes Bruder und nach dem Tod von Oidipus' Söhnen Eteokles und Polyneikes der nächste Thronanwärter, hat die Herrschaft über Theben angetreten und als erste Maßnahme ein Bestattungsverbot gegen Polyneikes als einen

Vaterlandsverräter erlassen. Diesem urtümlichen Brauch, den toten Feind unbestattet den Hunden und Vögeln zum Fraße zu überlassen, steht wie im *Aias* der Wille der Verwandten entgegen, der religiösen Pflicht zu folgen und dem Toten die letzte Ehre zu erweisen.

In dieser Situation setzt die Handlung der Tragödie ein. Antigone, die Tochter des Oidipus, fordert ihre Schwester Ismene dazu auf, mit ihr zusammen gegen Kreons Verbot den toten Bruder Polyneikes zu bestatten. Da sich Ismene dem Vorschlag der Schwester verweigert, will Antigone die Tat allein vollbringen (V. 1ff.). Alte Männer, Kreons Kronrat (der Chor), stimmen ein Freudenlied über den Sieg an (Párodos, V. 100ff.). Kreon tritt hinzu und begründet in einer ›Staatsrede‹ das Bestattungsverbot für Polyneikes (V. 162ff.). Ein Wächter unterbricht ihn (V. 223ff.). Er meldet, dass jemand an Polyneikes die rituelle Bestattung vollzogen und damit Kreons Verbot übertreten habe. Kreon sieht hinter dieser Tat das Werk von Aufrührern und droht dem Täter mit der Todesstrafe (V. 280ff.). Angesichts dieser Lage ergeht sich der Chor in allgemeinen Reflexionen über die ambivalente Natur des Menschen (V. 332ff.). Der Wächter kehrt mit Antigone zurück, die er festgenommen hat, als sie ihren Bruder wieder mit Staub bedecken wollte (V. 384ff.). Ohne Zögern bekennt Antigone sich zu ihrer Tat. Kreon vermutet, dass auch Ismene gegen sein Verbot gehandelt hat, und verkündet das Todesurteil für beide Schwestern. Ismene kommt hinzu und bekennt sich, da sie ihre Schwester in Gefahr sieht, zu der Tat, die sie nicht begangen hat; sie wird jedoch von Antigone schroff zurückgewiesen (V. 536ff.). Der Chor sieht das Schicksal der Schwestern als Folge des Fluches an, unter dem die Labdakiden stehen (V. 582ff.).

Haimon, Kreons Sohn und Antigones Verlobter, wird von seinem Vater in einer ausführlichen Rede darüber belehrt, wie Kreon sich seine Familie vorstellt: Unterordnung unter den Vater ist das wesentliche Prinzip. Haimons vorsichtige

Einwände erzürnen Kreon so sehr, dass er Antigone vor den Augen ihres Verlobten hinrichten lassen will. Haimon stürzt davon (V. 762 ff.). Kreon bleibt unerschütterlich: Antigone soll, eingemauert in ein Felsengrab, an Hunger sterben. Ismene, deren Unschuld Kreon erkennt, bleibt verschont (V. 773 ff.). Der Chor gibt in einem Lobpreis der Macht der Liebe eine Erklärung für Haimons Verhalten (V. 781 ff.). In einem Klagegesang nimmt Antigone Abschied von den alten Männern (V. 806 ff.) und legt Kreon die Gründe für ihr Handeln dar (V. 891 ff.).

Die Rechtfertigungsrede Antigones (V. 891–928), in der sie Kreon und dem Chor die Motive ihres Handelns darlegt, gehört zu den umstrittensten Passagen der griechischen Tragödie. Antigone betont, sie hätte sich nicht über das Gebot hinweggesetzt, wenn es sich um ihr Kind oder um ihren Gatten gehandelt hätte; denn wenn ihr Mann umgekommen wäre, hätte sie einen anderen heiraten und ein Kind hätte sie von einem anderen Mann bekommen können, aber nach dem Tod der Eltern Oidipus und Iokaste könne sie keinen Bruder mehr bekommen. Im Gespräch mit Eckermann von 28. März 1827 nimmt Goethe großen Anstoß an der Passage:

> So kommt in der *Antigone* eine Stelle vor, die mir immer als Flecken erscheint, und worum ich vieles geben möchte, wenn ein tüchtiger Philologe uns bewiese, sie wäre eingeschoben und unecht.
>
> Nachdem nämlich die Heldin im Laufe des Stücks die herrlichsten Gründe für ihre Haltung ausgesprochen und den Edelmut der reinen Seele entwickelt hat, bringt sie zuletzt, als sie zum Tode geht, ein Motiv vor, das ganz schlecht ist und fast ans Komische streift.
>
> […]
>
> Dies ist wenigstens der nackte Sinn dieser Stelle, die nach meinem Gefühl in dem Munde einer zum Tode gehenden Heldin die tragische Stimmung stört und die mir überhaupt sehr gesucht und gar zu sehr als ein dialektisches Kalkül erscheint.

– Wie gesagt, ich möchte sehr gerne, daß ein guter Philologe uns bewiese, die Stelle sei unecht. (Johann Peter Eckermann: *Gespräche mit Goethe in den letzten Jahren seines Lebens*, Wiesbaden o.J., S. 624)

Ein ›tüchtiger Philologe‹ namens A. Jacob hatte schon Jahre zuvor (1821) die anstößigen Verse 904–915 für unecht erklärt und ihre Tilgung vorgeschlagen. Die Stelle hat allerdings Berührungspunkte mit einer Passage bei dem Historiker Herodot, einem Zeitgenossen des Sophokles (III 119): Die Frau des Intaphrenes bittet mit denselben Argumenten wie Antigone den Großkönig Dareios um das Leben ihres Bruders und nicht um das ihres Mannes. Ein weiteres Argument für die Echtheit ist die Überlieferung der sophokleischen Tragödien: Auf alle Fälle stand die Partie im Sophokles-Text des 4. Jahrhunderts v. Chr., wie das Zitat des Aristoteles in der *Rhetorik* (1417a27–35) belegt. Dieses Argument kann allerdings zugegebenermaßen entkräftet werden, wenn man eine Wiederaufführung der *Antigone* vor der Abfassung der *Rhetorik* annimmt. Zu dieser könnte es eventuell im Zusammenhang mit den aischyleischen *Sieben gegen Theben* gekommen sein, deren Schluss Interpolationen, Ergänzungen im Zusammenhang einer späteren Aufführung, aufweist, die einen Übergang zur *Antigone* herstellen sollten (s. S. 49).

All die sprachlichen und inhaltlichen Argumente, die gegen die Authentizität des ›Kalküls‹ ins Feld geführt wurden, sind deutlicher Ausdruck der Zeitumstände, in der ein Interpret sich mit dem sophokleischen Stück auseinandersetzte, und insbesondere des Bildes, das die jeweilige Epoche von Sophokles hatte. Argumente für die Echtheit der Partie lassen sich jedoch bei einer werkimmanenten Interpretation finden, die die Entwicklung der Handlung in den Mittelpunkt stellt: Sophokles bringt mit der Rede der Protagonistin zum Ausdruck, dass »Antigone jetzt in ihrer völligen Vereinsamung, in der niemand ihr hilft, im Bewußtsein ihrer exzeptionellen Stellung in der Polis als Oidipus-Tochter (857–871), auf dem

Höhepunkt der Verzweiflung alle anderen Verluste gegenüber dem des Bruders als zweitrangig erscheinen«, so die überzeugende Interpretation der Stelle durch H. Flashar (*Sophokles*, München 2000, 73).

Nach der Abführung Antigones zum Tode beschließt der Chor die Szene, indem er andere Frauen aufzählt, die wie Antigone zur Strafe in einen Kerker eingemauert wurden (V. 944ff.). Der greise Seher Teiresias versucht, Kreon von der Vollstreckung des Urteils abzuhalten (V. 988ff.), doch der König wittert auch in Teiresias einen Verräter. Kreon verfluchend, entfernt sich der Seher. Verwirrt bleibt Kreon zurück. Vom Chor gedrängt, will er das Urteil rückgängig machen (V. 1091ff.). Noch einmal flackert Hoffnung auf (V. 1115ff.) – doch zu spät kam Kreons Sinneswandel: Antigone hat sich erhängt, Haimon sich erstochen (V. 1155ff.), Eurydike, Kreons Frau, die die Schreckensbotschaft mitangehört hat, geht schweigend in den Palast und begeht Selbstmord (V. 1278ff.). In einem Klagegesang von Kreon und dem Chor klingt das Stück aus (V. 1294ff.).

Viele Interpreten sahen in der *Antigone*, beeinflusst durch die Deutung, die Hegel in der Ästhetik (III 3 c) gibt, ein Aufeinanderprallen von zwei gleichberechtigten Positionen, von Kreons Anspruch, den Staat zu schützen, und Antigones Beharren auf der religiösen Pflicht, den Toten zu bestatten, also einen Konflikt von Staats- und Familieninteresse. Gegen diese zu Beginn des 19. Jahrhunderts nicht nur von Hegel vertretene Interpretation der *Antigone* wendet sich Goethe in einem Gespräch mit Eckermann (28. März 1827):

> Kreon handelt auch keineswegs aus Staatstugend, sondern aus Haß gegen den Toten. Wenn Polyneikes sein väterliches Erbteil, woraus man ihn gewaltsam vertrieben, wieder zu erobern suchte, so lag darin keineswegs ein so unerhörtes Vergehen gegen den Staat, daß sein Tod nicht genug gewesen wäre und daß es noch der Bestrafung des unschuldigen Leichnams bedurft hätte.
>
> Man sollte überhaupt nie eine Handlungsweise eine Staatstugend nennen, die gegen die Tugend im allgemeinen geht. Wenn

> Kreon den Polyneikes zu beerdigen verbietet und durch den verwesenden Leichnam nicht bloß die Luft verpestet, sondern auch Ursache ist, daß Hunde und Raubvögel die abgerissenen Stücke des Toten umherschleppen und damit sogar die Altäre besudeln, so ist eine solche Menschen und Götter beleidigende Handlungsweise keinesweges eine Staats-Tugend, sondern vielmehr ein Staats-Verbrechen. Auch hat er das ganze Stück gegen sich. Er hat die Ältesten des Staats, welche den Chor bilden, gegen sich; er hat das Volk im allgemeinen gegen sich; er hat den Teiresias gegen sich; er hat seine eigene Familie gegen sich. Er aber hört nicht, sondern frevelt eigensinnig fort, bis er alle die Seinigen zugrunde gerichtet hat und er selber am Ende nur noch ein Schatten ist.

Dass man, wenn man Kreon höre – so Eckermanns Einwand –, zu dem Glauben kommen könne, Kreon habe doch »einiges Recht«, erklärt Goethe mit der Charakterisierungskunst des Sophokles.

> Seine Charaktere besitzen alle eine solche Redegabe und wissen die Motive ihrer Handlungsweise so überzeugend darzulegen, daß der Zuhörer fast immer auf der Seite dessen ist, der zuletzt gesprochen hat. (Johann Peter Eckermann: *Gespräche mit Goethe in den letzten Jahren seines Lebens*, Wiesbaden o.J., S. 623f.)

Goethes Ablehnung der Hegel'schen Interpretationsrichtung stimmt gewiss mit der Perspektive überein, aus der das athenische Publikum des 5. Jahrhunderts das Stück betrachtet haben mag: Kreons Verbot, Polyneikes zu bestatten, widerspricht dem religiösen Bewusstsein der damaligen Zeit. In Athen traf jeden, der einen toten Verwandten nicht bestattete, der Fluch der Buzygenpriester, eines vornehmen Priestergeschlechts, das vor allem für ›staatstragende‹ rituelle Handlungen wie die ›heilige Pflügung‹ unterhalb des Akropolis zuständig war und dementsprechend großes Ansehen in der Gesellschaft besaß. Indem Kreon durch seinen Erlass Antigone und Ismene von ihrer Pflichterfüllung abhält, erweist er sich schon vor seinem ersten Auftritt als ein Tyrann. Diese negative Charakterisierung wird durch seine Handlungen und Äußerungen während des Stückes unterstrichen: Kreon beruft nicht das Volk zur Beratung ein – wie z.B. *Pelasgos* in den Hiketiden des Aischylos –, sondern einen Ältestenrat vornehmer Thebaner (V. 164), die den Chor der Tragödie bilden. Überall wittert er Verrat und umstürzlerische Umtriebe von Leuten, die bestochen sind, und legt damit ein Misstrauen an den Tag, das dem von Perikles in Thukydides' Geschichtswerk (II 37) gepriesenen Verhalten der Menschen in einer Demokratie ganz und gar entgegengesetzt ist. Das Wort ›Vorteil‹ (*κέρδος/kérdos*) durchzieht als Leitmotiv seine Reden; als einzigen Impuls menschlichen Handelns kennt er das Streben nach Vorteil. Er ist taub für Antigones Rede, in der sie ihre Tat rechtfertigt (V. 450ff.), und ergeht sich, ganz in der Rolle des Herrschers aufgehend, in Sentenzen und Redensarten (V. 473ff.); er ist taub für die beschwörenden Worte seines Sohnes Haimon (V. 683ff.), der den Vater von dem unbedachten Entschluss abbringen will, wirft ihm Frauenhörigkeit vor (V. 740) und betont, dass er der unumschränkte Herrscher in Theben ist, ja, er sieht den Staat als Eigentum des Herrschers an (V. 738). Er ist auch taub für die Enthüllungen des Sehers Teiresias, der, gewarnt durch ungünstige Vorzeichen, ihm zuredet, seinen verhängnisvollen Irrweg aufzugeben und den Toten bestatten zu lassen (V. 998ff.), und sieht in seinem Wahn auch in dem Seher einen bestochenen Verräter (V. 1033ff.). Er ist so sehr in seiner Verblendung (*ἄτη/áte*) gefangen, die ihn überall Bestechung, Verrat und Heimtücke wittern lässt, dass er jegliche Ehrfurcht vor den Göttern und ihrem Vertreter Teiresias vermissen lässt. Erst die Verfluchung, die der Seher gegen den Verstockten ausstößt, indem er ihm für sein gottloses Verhalten den Tod eines Familienmitglieds androht, bringt Kreon zur Einsicht; doch da ist es schon zu spät. Wie ein aischyleischer Held sieht sich der gebrochene König dem Walten eines unbarmherzigen Schicksals ausgesetzt, das seinen Verstand mit Verblendung geschlagen und ihn ins Verderben gestürzt hat (V. 1271–1276).

Während Kreon sich wandelt und am Ende nach großem Leid zur Erkenntnis seines falschen Verhaltens kommt, ruht Antigone von Anfang an fest in sich selbst. Sie hat den unumstößlichen Entschluss gefasst, die Bestattung des Bruders vorzunehmen, notfalls allein, wenn kein anderer die Richtigkeit und Notwendigkeit ihres Vorhabens verstehen sollte. Dieser Absolutheitsanspruch und diese Autonomie von Antigones Charakter (V. 821f., Chor: »Selbstbestimmt lebend wird sie allein, verlassen von allen, in den Tod gehen«) werden bereits im Prolog, im Gespräch der Schwestern Antigone und Ismene, deutlich (V. 1–99): Antigone fordert Ismene auf, ihrer Pflicht als Schwester von Polyneikes nachzukommen, Ismene versteckt sich hinter Kreons Verbot. Sie betont, es sei nicht Frauenart, gegen Männer anzukämpfen (V. 61f.), und will das Schicksal, das Oidipus' Haus bereits so hart getroffen hat, nicht noch mehr herausfordern, während Antigone die Werte, die sie hochhält, als unbedingt setzt und keine Kompromisse eingehen will.

Der spannungsreiche Eröffnungsdialog entwickelt sich vom schwesterlichen Mit- und Zueinandersprechen zu einer heftigen Auseinandersetzung und führt schließlich zur Isolierung Antigones. Da sie in der Überzeugung handelt, das allein Richtige zu tun, sucht sie keine Ausflüchte, als sie bei dem zweiten Versuch, den Bruder zu bestatten, gestellt wird. Stumm hört sie den prahlerischen Bericht des Wächters an, ohne zu zögern gesteht sie ihre Tat (V. 435) und betont, wissentlich gegen Kreons Erlass verstoßen zu haben, da die ungeschriebenen Gesetze, nach denen sie handelte, höher zu stellen seien als Gebote des Königs. Da sie sich entschlossen hat, den Weg, den sie als den richtigen erkannt hat, allein zu gehen, lehnt sie jetzt die Hilfe Ismenes ab, die sich selbst der Mittäterschaft bezichtigt. »Unbeweint, ohne Freunde und unvermählt« (V. 876) tritt sie im Bewusstsein, das Rechte getan zu haben (V. 891ff.), den Weg in den Tod an.

Die übrigen Personen, Ismene und Haimon, der Wächter und der Chor, sind zwischen die Pole Kreon und Antigone gestellt und werden durch sie in ihrem Verhalten und Handeln bestimmt.

Ismene ist zwischen der Furcht vor Kreon und der Liebe zu ihrer Schwester hin- und hergerissen. Im Prolog siegt die Angst vor dem Machthaber; sie fordert die Schwester zu einem Leben der Konformität auf. Als sie jedoch Antigone in schlimmer Lage sieht, lässt sie sich von dem Impuls leiten, ihr zu helfen, und solidarisiert sich mit ihr, ohne die Gefahr zu berücksichtigen, die sie zu Beginn als Argument gegen Antigones Vorhaben vorgebracht hatte. Ismene neigt ganz im Gegensatz zu ihrer Schwester nicht zum Grundsätzlichen und Unwiderruflichen; sie versucht, zu vermitteln und die starren Fronten aufzubrechen, indem sie an die Gefühle von Antigone und Kreon appelliert und die Verlobung ihrer Schwester mit Kreons Sohn Haimon ins Spiel bringt (V. 568ff.). Als Kontrastfigur zu Antigone repräsentiert sie – wie Chrysothemis in der *Elektra* – den Durchschnittsmenschen.

Haimon trägt zunächst die Spannung zwischen der Liebe zu seinem Vater und der zu seiner Braut in sich aus. Erst als er sieht, dass Kreon mit vernünftigen Argumenten nicht beizukommen ist (V. 726ff.), bekennt er sich offen zu Antigone.

Der Wächter führt vor, wie sich der ›kleine Mann‹ in einer Gewaltherrschaft verhält. Verängstigt und sich demütig vor Kreon duckend, redet er um die Sache herum (V. 223ff.) und rückt erst mit der Meldung heraus, dass ein Unbekannter Polyneikes bestattet habe, als er sich Straffreiheit erwirkt hat (V. 244). Sobald er jedoch Erfolg zu melden hat, platzt er, kaum ist er erschienen, mit der Neuigkeit, der Gefangennahme Antigones, heraus (V. 384) und wird nicht müde, großsprecherisch herauszustreichen, dass er Antigone bei der Übertretung von Kreons Gebot gefasst habe. Gerade an den beiden Wächter-Szenen lässt sich die politische Dimension von Sophokles' Tragödie deutlich machen: Der athenische Zuschauer des 5. Jahrhunderts sah die *Antigone* vor der Folie seiner politischen Erfahrung, und vor dieser Folie war ihm bewusst, dass ein Verhalten, wie es der Wächter an den Tag legt, nur in einer Alleinherrschaft, in der das Leben der Bürger von der Willkür eines Mannes abhängt, möglich war, nicht aber in einer Demokratie, wie sie in Athen herrschte, in der jeder zum Wohle der Gesamtheit wirken sollte und zu diesem Zweck ohne Furcht seine Meinung vorbringen konnte. Die Vorführung der negativen Folgen einer Gewaltherrschaft dient somit letzten Endes dem Preis der athenischen Demokratie.

In der gleichen Art wie das Verhalten des Wächters lassen sich auch die Äußerungen des Chors interpretieren. Als Thronrat Kreons steht er sozial höher als der Wächter und ist deshalb nicht im gleichen Maße unmittelbar von Kreons Erlass betroffen. Trotzdem geht er einer direkten Stellungnahme aus dem Weg und gibt nur bisweilen zu erkennen, auf wessen Seite er steht. So bezeichnet er in der ersten Überraschung, nachdem der Wächter von der rituellen Bestattung des Polyneikes berichtet hat, die Tat als »gottgewirkt« (V. 278f.) und deutet damit implizit Kreons Gebot als gottlos. Abgesehen von dieser unbedachten Äußerung weicht der Chor in seinen Liedern in allgemeine Reflexionen aus, die jedoch häufig Beziehungen zum dramatischen Geschehen aufweisen, wenn diese auch, dem Verhalten des Chores entsprechend, ambivalent sind, so z.B. in der Schlussstrophe des ersten Stasimons (V. 368–375):

Wer die Gesetze des Landes achtet
Und das durch Eid bekräftigte Recht der Götter,
Der ist im Staat hochangesehen [*ὑψίπολις*/*hypsípolis*];
[ausgeschlossen aus der Gemeinschaft [*ἄπολις*/*ápolis*]
Ist der, bei dem das Unrecht wohnt des Frevels wegen.
Der möge nie an meinem Herd sitzen
Und nie Gleiches wie ich denken,
Wer dies tut.

Die Bezeichnung *ápolis*, ›staatenlos‹, ›ausgestoßen aus der Polis‹, trifft vordergründig auf Antigone zu, die die geltenden Erlasse missachtet, auf einer zweiten Ebene jedoch auf Kreon, der durch seinen Erlass das Götterrecht (V. 369) umstößt. Erst als der Chor merkt, dass Kreon durch Teiresias' Fluch Zweifel an der Richtigkeit seines Verbots kommen, und Kreon ihn um einen Rat bittet, lässt er seine Zurückhaltung fallen und fordert ihn zum Nachgeben auf (V. 1100ff.).

Die Oidipus-Tragödien: *König Oidipus – Oidipus auf Kolonos*

Die Vorgeschichte der *Antigone* bringt Sophokles im *König Oidipus* auf die Bühne (zum thebanischen Sagenkreis s. S. 53f.). Theben wird von einer furchtbaren Pest heimgesucht. In ihrer Verzweiflung wenden sich die Bürger an ihren König Oidipus (V. 1–83), der schon einmal die Stadt aus großer Not, von der Sphinx, befreit und dafür den Thron und die Hand der verwitweten Königin Iokaste erhalten hatte. Der Orakelspruch des Gottes Apollon, den Oidipus durch seinen Schwager Kreon einholen lässt, verheißt der Stadt Rettung, wenn man den Mörder des Königs Laios bestrafe und so die Blutschuld tilge, die auf Theben laste (V. 95ff.). Die Handlung der Tragödie ist durch die Suche nach dem Mörder des früheren Königs bestimmt. Am Ende stellen sich der Suchende und der Gesuchte als ein und dieselbe Person heraus, hat doch Oidipus vor Jahren, auf seinem Weg nach Theben, bei einem Dreiweg seinen Vater Laios erschlagen.

Nachdem Oidipus den Orakelspruch von seinem Schwager Kreon gehört hat, leitet er unverzüglich die Fahndung ein. Laios sei – erfährt er von Kreon – außer Landes von Räubern erschlagen worden, wie der einzige Überlebende berichtet habe (V. 122f.). Indem Oidipus in seiner Antwort nur von einem Räuber spricht, nähert er sich bereits hier der Wahrheit; doch sogleich verstellt er sich diesen Weg wieder: Laios sei Opfer eines Komplotts geworden, das man in Theben gegen ihn angezettelt habe, und sei von einem gedungenen Mörder erschlagen worden. Diese Vermutung ergreift so sehr Besitz von seinem Denken, dass er den Seher Teiresias, der, da er die schreckliche Wahrheit kennt, den Fragen des Herrschers ausweicht, der Komplizenschaft mit dem unbekannten Täter verdächtigt und sogar so weit geht, ihn als den Urheber des Verbrechens zu bezeichnen. Da schleudert der zornentbrannte Seher dem König entgegen: »Du selbst bist der Mörder, den du suchst!« (V. 362) und deckt, als sich Oidipus immer mehr in seinem Wahn verstrickt und nun auch Kreon als Komplizen des Sehers beschuldigt, dem in seinem Zorn tauben König die ganze Wahrheit auf (V. 447–462):

> Nachdem ich dir gesagt habe, weswegen ich kam, ohne Furcht
> Vor deinem Antlitz, werde ich wieder gehen. Denn du wirst
> [mich danach sicher nicht vernichten können.
> So sage ich es dir: Diesen Mann, den du schon lange
> Suchst, indem du drohend laut den Mord
> An Laios ausrufen lässt – dieser ist hier,
> Ein Fremder, wie man sagt, der hier wohnt; aber er wird sich
> Als ein echter Thebaner erweisen und wird sich darüber
> Gar nicht freuen; denn aus einem Sehenden wird er zu einem
> [Blinden
> Und ein Bettler, anstatt reich zu sein; mit einem Stab die Erde
> Vor sich tastend, wird er in die Fremde gehen.
> Und es wird sich zeigen, dass er mit seinen eigenen Kindern
> [zusammenlebt
> Als Bruder und Vater in einer Person, und von der Frau, die ihn
> Ist er Sohn und Gatte, und von seinem Vater [gebar,
> Mitgatte und Mörder. Geh nun ins Haus
> Und denk darüber nach! Und wenn du mich als Lügner
> [überführst,
> Sage, dass ich in der Wahrsagekunst nichts mehr verstehe.

Wie der zunächst eher beiläufig geäußerte Gedanke, dass Laios durch einen gedungenen Mörder umgebracht worden sei, in der Auseinandersetzung mit Teiresias für Oidipus zur Tatsache wird, so verdichtet sich auch der Verdacht gegen Kreon zur Gewissheit (V. 513ff.). Iokaste tritt zwischen die streitenden Männer und versucht, ihren Bruder vor dem aufgebrachten Gatten in Schutz zu nehmen, indem sie die Unzuverlässigkeit von Sehersprüchen betont (V. 711–724). Doch statt ihren Gatten zu beruhigen, stürzt die nebenbei gemachte Erwähnung des Dreiwegs (V. 716) Oidipus in höchste Aufregung. Wie in den *Trachinierinnen* die Erwähnung von Nessos (V. 1141), reißt hier das absichtslose Anführen des Dreiwegs mit einem Schlag den Vorhang des Scheins entzwei. Wie ein Untersuchungsrichter insistiert Oidipus auf dem Indiz ›Dreiweg‹, fragt nach seiner Lage, dem Zeitpunkt des Mordes und Laios' Aussehen. Als er schließlich vernimmt, den König hätten fünf Männer begleitet, bricht es aus ihm heraus (V. 754): »O weh, nun ist alles sonnenklar.« Der verwirrten Iokaste legt Oidipus den Grund für seine Fragen und seine Bestürzung dar (V. 771ff.): Einst habe ihm, dem Sohn des Polybos und der Merope, des Königspaars von Korinth, bei einem Gelage einer zugerufen, er sei nicht der echte Sohn der beiden. Um sich Gewissheit über seine Herkunft zu verschaffen, habe er sich nach Delphi aufgemacht. Dort habe ihm Apoll ein furchtbares Orakel kundgetan: Als Gatte seiner Mutter werde er Nachkommen zeugen, seinen Vater werde er ermorden. Sogleich habe er beschlossen, fortan Korinth zu meiden, um die verruchte Tat nicht begehen zu müssen. Unterwegs habe er an dem besagten Dreiweg einen Mann erschlagen, der ihn mit seinem Gespann vom Weg getrieben habe. Als einzigen Hoffnungsschimmer hat Oidipus nun noch den überlebenden Augenzeugen. Wenn auch der bestätige, dass Laios von einer Räuberschar umgebracht worden sei, könne er sich von dieser Schuld freisprechen. Iokaste versucht weiter, Oidipus mit dem Hinweis auf die Unzuverlässigkeit von Sehersprüchen zu beruhigen, denn Laios hätte nach der alten Weissagung durch die Hand seines Sohnes umkommen sollen, und der lebe bekanntermaßen schon lange nicht mehr.

Das Verhalten von Oidipus und Iokaste angesichts des drohenden Hereinbrechens der Wahrheit ist meisterlich gezeichnet. Oidipus muss sich aufgrund der Fakten für Laios' Mörder halten; er klammert sich jedoch an die falsche Nachricht, Laios sei von mehreren Räubern erschlagen worden. Bezeichnend für menschliches Verhalten ist, dass Oidipus im ersten Schrecken Teiresias' Spruch als wahr erkennt, allerdings nur in dem einen Punkt, dass er Laios' Mörder sei. Darüber, dass er mit seiner Mutter verheiratet ist, fällt kein Wort, obwohl er doch im gleichen Atemzug Iokaste von Apolls Orakel erzählt, das ihm als unentrinnbares Verhängnis die Ehe mit der Mutter und die Ermordung des Vaters voraussagte.

Nach diesem Höhepunkt retardiert Sophokles die Handlung durch das unerwartete Eintreffen eines Boten aus Korinth (V. 924ff.), der den Tod des Polybos meldet und die Sorge des Oidipus, der zweite Teil des Orakels könne in Erfüllung gehen, mit der Nachricht zu zerstreuen hofft, dass Oidipus nicht der Sohn des korinthischen Herrscherpaars, sondern ein Findelkind sei, das er einst, als er auf dem Kithairon Schafe gehütet habe, von einem thebanischen Hirten übernommen und dann dem kinderlosen Königspaar von Korinth überbracht habe. Dieser thebanische Hirte, so vermutet der Chorführer (V. 1051–1053), dürfte wohl kein anderer sein als der gesuchte Augenzeuge. Iokaste, die inzwischen die ganze Wahrheit ahnt, versucht, Oidipus von weiteren Nachforschungen abzuhalten (V. 1056ff.). Doch das Verlangen, seine Herkunft aufzudecken, sitzt zu tief in ihm.

Die Enthüllung der Wahrheit findet in einer kurzen Szene statt (V. 1110ff.). Oidipus beginnt das Verhör des Hirten, indem er ihm den Korinther entgegenstellt. Wie in den *Trachinierinnen* (V. 400ff.) Lichas darauf bedacht ist, die Wahrheit zu verhüllen, während der andere Bote sie enthüllen will, so lässt sich auch der alte Hirte nur unter Androhung der Folter widerstrebend Wort für Wort die Wahrheit entreißen und stößt dadurch Oidipus in den Abgrund der schrecklichen Erkenntnis (V. 1182–1185):

O weh, o weh! Alles ist nun wohl klar.
O Licht, jetzt möchte ich dich zum letzten Mal ansehen,
Der ich nun, wie es offensichtlich ist, entspross, von dem ich es [nicht dürfte, und
Zusammenlebte, mit wem ich nicht verkehren durfte, und tötete, [wen ich nicht töten durfte!

Der Schluss der Tragödie (V. 1223ff.), der in einer *Ecce-homo*-Szene den geblendeten Oidipus vorführt, nachdem zuvor ein Bote von den furchtbaren Ereignissen im Palast, Iokastes Selbstmord und Oidipus' Selbstblendung, berichtet hat, enthält einen theologischen Rückblick auf das Geschehen. Während Aias, Herakles in den *Trachinierinnen* und Kreon in der *Antigone* im Sinne einer aischyleischen Theologie zu Recht ins Unglück stürzten, da sie durch ihre Hybris, durch die Missachtung göttlicher Gesetze und gottgesetzter Schranken, Schuld auf sich geladen hatten, gerät Oidipus schuldlos ins größte Leid. Apollon hat ihn zu seinen Taten getrieben (V. 1329), ohne dass man einen Grund dafür zu sehen vermöchte. Zu fern, zu groß und zu mächtig sind die Götter, als dass der Mensch sie verstehen und einen Sinn in seinem Leiden erkennen könnte. Das Göttliche steht außerhalb des menschlichen Erkenntnishorizontes, obwohl der göttliche Wille und das göttliche Wissen den Menschen durch Orakelsprüche und die Worte des Sehers Teiresias offenbart wurden. Doch der Mensch sieht in seinem Denken Alternativen, die es nicht gibt und die durch den Wortlaut der Orakel ausgeschlossen sind; er setzt dem Unbedingten seine Bedingungen entgegen und flüchtet sich, um überhaupt noch leben zu können, in die Hoffnung. So steht Oidipus' Suche nach Laios' Mörder von Anfang an unter diesem für die menschliche Erkenntnisfähigkeit verhängnisvollen Stichwort (V. 121), das umso deutlicher erklingt, als der Chor in seinem Einzugslied die Hoffnung (*ἐλπίς/elpís*) in den Rang einer Gottheit erhebt (V. 158), die auf derselben Stufe steht wie die olympischen Götter. Hoffnung war es, die Laios dazu verleitete, seinen neugeborenen Sohn im Gebirge aussetzen zu lassen, um dadurch dem ihm von Apollon vorausgesagten Tod durch die Hand seines Sohnes zu entgehen. Hoffnung war es, die Oidipus zu dem Glauben brachte, er könne dem ihm von dem delphischen Gott geweissagten Schicksal entgehen, indem er fortan Korinth nicht mehr betrat. Das dritte, an Kreon ergangene Orakel wirkt gleichsam als Katalysator, da es die verhängnisvolle Suche nach Laios' Mörder und damit auch nach Oidipus' Herkunft in Gang setzt, die »tragische Analysis«, um Schiller zu zitieren (Brief an Goethe vom 2. Oktober 1797). Und wie diese beiden Geschehensabläufe sich schließlich zu einem einzigen verknoten, so enthalten auch die drei Orakel eine einzige schreckliche Wahrheit. Je weiter Oidipus auf Geheiß des dritten Orakels auf der Suche nach Laios' Mörder vorwärtsschreitet, desto näher kommt er der Wahrheit der ersten beiden Orakel, desto tiefer dringt er in die Vergangenheit ein. Und je mehr er sich der vermeintlichen Rettung und dem, was er in seiner Scheinbefangenheit für Wahrheit hält, zu nähern glaubt, desto näher steht er am Abgrund der Selbsterkenntnis.

Wenn man also von einer Schuld des Oidipus sprechen will, kann man sie am ehesten in seiner allzu großen Selbstgewissheit sehen, in seiner intellektuellen Arroganz, die ihm, dem Retter Thebens, der das Rätsel der Sphinx, an dem alle anderen gescheitert waren, auf Anhieb löste, eigen ist – eine Selbstgewissheit und Arroganz, die ihn dazu bringen, das Naheliegende nicht zu sehen, da nicht sein kann, was nicht sein darf, und die ihn dazu treiben, dem Seher, dem Vertreter des Gottes Apollon, der ihm die ganze Wahrheit ins Gesicht sagt, nicht nur nicht zu glauben, sondern ihn aufs Übelste zu beschimpfen, zu beleidigen und zu bedrohen.

> Wie kein anderes Werk erscheint der *König Ödipus* in seinem Handlungsgewebe von Tragik durchwirkt. Auf welche Stelle im Schicksal des Helden der Blick sich auch heftet, ihm begegnet jene Einheit von Rettung und Vernichtung, die ein Grundzug alles Tragischen ist. Denn nicht Vernichtung ist tragisch, son-

> dern daß Rettung zu Vernichtung wird, nicht im Untergang des Helden vollzieht sich die Tragik, sondern darin, daß der Mensch auf dem Weg untergeht, den er eingeschlagen hat, um dem Untergang zu entgehen. Diese Grunderfahrung des Helden, die sich mit jedem seiner Schritte bestätigt, weicht erst zuletzt allenfalls einer anderen: daß es der Weg in den Untergang ist, an dessen Ende Rettung und Erlösung stehen. (P. Szondi: »Versuch über das Tragische«, in: ders.: *Kleine Schriften*, Frankfurt a.M. 1978, Bd. 1, 213)

Doch zu dieser »Rettung und Erlösung« lässt es Sophokles nicht im *König Oidipus* kommen, sondern in dem ungefähr 30 Jahre später kurz vor seinem Tod entstandenen *Oidipus auf Kolonos*. Von Anfang an ist im *Oidipus auf Kolonos* das Göttliche präsent. Oidipus hat von Apollon das Orakel erhalten, er werde im heiligen Bezirk der Eumeniden im athenischen Demos Kolonos endlich Ruhe finden (V. 84ff.). Dieses prophezeite Ende wird durch zwei ineinander verwobene Handlungsstränge retardiert: Zuerst muss Oidipus von den Athenern, die durch ihren König Theseus vertreten werden, als Asylsuchender anerkannt, sodann die drohende Gefahr, die von Theben ausgeht, abgewehrt werden. Kreon will Oidipus und Antigone, die ihn begleitet, nach Theben zurückholen, da Oidipus durch die unwürdige Lage, in der er sich befinde, Schande über Theben und das Herrscherhaus bringe (V. 728ff.). Der wahre Grund liegt jedoch darin, wie Oidipus zuvor schon von Ismene erfahren hat (V. 324ff.), dass ein Orakel in dem Streit, der zwischen Polyneikes und Eteokles um die Herrschaft entbrannt ist, demjenigen den Sieg verheißt, in dessen Hand sich Oidipus befindet. Um seinen Drohungen Nachdruck zu verleihen, lässt Kreon Antigone und Ismene entführen (V. 818ff.). Doch Theseus kann Oidipus' Töchter unversehrt aus den Händen der Entführer befreien (V. 1097). In einer zur Auseinandersetzung zwischen Oidipus und Kreon parallelen Szene (V. 1249ff.) versucht Polyneikes, seinen Vater zu bewegen, auf seine Seite überzutreten. Aber wie zuvor Kreon gegenüber bleibt Oidipus auch gegenüber seinem Sohn hart, da er erkennt, dass nur das Streben nach Macht, nicht Menschlichkeit Polyneikes zu ihm geführt hat.

Erst nach der Abwehr dieser äußeren Gefahren kann das Orakel in Erfüllung gehen (V. 1457ff.). Nun, da sich durch Donner sein Ende ankündigt, bedarf der blinde Greis keiner fremden Hilfe mehr; sicher führt er Theseus zu dem Ort, wo er den ersehnten Tod finden soll (V. 1588ff.). Nachdem er die rituellen Waschungen vorgenommen habe, sei – so berichtet ein Bote dem Chor – die Stimme eines Gottes erschallt (V. 1627f.):

> O du, du da, Oidipus, was zögern wir
> Zu gehen? Zu lange säumst du schon.

So bietet das Ende des *Oidipus auf Kolonos* die Lösung der Problematik, die der *König Oidipus* offen ließ. Endete das frühere Oidipus-Drama mit der Selbstblendung des schuldlos Schuldigen und der Erkenntnis, dass die Götter für den Menschen undurchschaubar bleiben, führt der *Oidipus auf Kolonos* in dem brüderlichen »wir«, mit dem der Gott Oidipus zu sich ruft, die Aufhebung des Gegensatzes Gott – Mensch vor. Es gibt auch eine gütige Gottheit, die sich des Menschen nach vielen Leiden erbarmt und dem Menschen den Tod nicht als unvermeidbares, hartes Schicksal, sondern als Gnade zuteilwerden lässt.

> Sophokles, nachdem er uns die Verblendung und den Fall des Ödipus, den schrecklichen Untergang und wechselseitigen Brudermord seiner Söhne, das lange Leiden des blinden Greises und seiner getreuen Pflegerin und Tochter dargestellt, weiß uns den Tod desselben wie einen Hingang zu den versöhnenden Göttern in so verschönerndem Lichte zu zeigen, daß er in uns nur das Gefühl einer sanften, mehr wehmütigen als schmerzlichen Rührung hinterläßt. Auflösungen dieser Art sind auch sonst bei den Alten und bei den Neuern häufig; nur selten so groß und schön. (F. Schlegel: »Zur Geschichte der alten und neuen Literatur«, in: ders.: *Kritische Schriften*, München [3]1970, 610)

Elektra

Im Aufbau und in der Handlungsführung unterscheidet sich Sophokles' *Elektra* wesentlich von den beiden anderen Bearbeitungen des Stoffes, Aischylos' *Choëphoren* und Euripides' *Elektra*. Im Gegensatz zu Aischylos und Euripides verlegt Sophokles die Anagnórisis, die ›Wiedererkennung‹ der beiden Geschwister, in das letzte Drittel der Tragödie (V. 1174ff.). Zwar vermutet Orest, als er Klagelaute einer Frau aus dem Palast hört, dass dies Elektra sein könnte (V. 80f.); doch da der alte Erzieher, der Orest und Pylades begleitet, darauf drängt, zuerst das Totenopfer an Agamemnons Grab darzubringen (V. 82–85), kommt es nicht – wie in den beiden anderen Stücken – zu einer ›Lauscherszene‹, die die Anagnórisis der Geschwister vorbereitet.

Durch diese Veränderung der Struktur gegenüber Aischylos und Euripides wird bei Sophokles Elektra selbst ein Opfer der Intrige, die der alte Erzieher und Orest in die Wege leiten. Der Bericht von Orests Tod, den der Alte Klytaimestra gibt (V. 680ff.), lässt Elektra im ersten Augenblick unter dem Hohn der Mutter zusammenbrechen. Die einzige Hoffnung, die sie in der entwürdigenden Stellung, in der sie von Klytaimestra und Aigisthos – gleichsam als deren lebendes ›schlechtes Gewissen‹ – bei Hofe gehalten wird, aufrecht erhalten hatte und die kurz zuvor durch Klytaimestras Unheil verkündenden Traum sogar noch neue Nahrung erhalten hatte (V. 417ff.), ist durch den Tod des Bruders dahin.

In dieser Situation äußerster Verzweiflung bringt Chrysothemis ihrer Schwester die, wie sie meint, freudige Nachricht von der Rückkehr des Bruders (V. 871ff.): Die Locke, die sie auf dem geschmückten Grab des Vaters vorgefunden habe, könne nur von Orest stammen. Doch da Elektra fest vom Tod des Bruders überzeugt ist, kann sie in der Locke nur die Weihegabe eines Freundes des toten Orest sehen. Damit nimmt Sophokles der Locke – das zweite ›Wiedererkennungszeichen‹, den Fußabdruck, lässt er beiseite – die Beweiskraft, die sie in Aischylos' *Choëphoren* (V. 167ff.) für Elektra hatte und die Euripides' Elektra (V. 508ff.) in einer rationalistischen Argumentation zum unhaltbaren Indiz erklärt.

Nach der Meldung vom Tod ihres Bruders bleibt Elektra nur noch der abgrundtiefe Hass, der sie am Leben hält und zu dem Wunsch treibt, selbst Rache an den Mördern des Vaters zu nehmen. Wie Antigone Ismene, so versucht Elektra ihre Schwester Chrysothemis für die Tat zu gewinnen, indem sie, rhetorisch geschickt, an Chrysothemis' Wunsch appelliert, ein normales Leben als Ehefrau zu führen (V. 964–966); denn Aigisth sei sicher nicht so töricht, Elektra und Chrysothemis eine Ehe eingehen zu lassen, aus der ein neues Geschlecht entstände, das zu seinem sicheren Untergang führen würde.

Doch wie in der ersten Auseinandersetzung mit der Schwester (V. 328ff.) kann sich Elektra auch bei dem zweiten Zusammentreffen nicht durchsetzen. Chrysothemis versteht die unnachgiebige Haltung der Schwester nicht. Wie Ismene zieht sie ein ruhiges Leben vor und arrangiert sich zu diesem Zweck mit den Mächtigen (V. 339f.). Sie stellt die äußere Freiheit über die innere Unabhängigkeit. So ist Elektra – wie Antigone – gezwungen, die Rachetat selbst in die Hand zu nehmen (V. 1019f.), und wird dadurch zur Protagonistin der Tragödie, während Aischylos Orest und Euripides in der *Elektra* und im *Orestes* die Geschwister, Orest und Elektra, in den Mittelpunkt stellt. Aber die Anagnórisis in der nächsten Szene (V. 1098ff.), in der sich Orest seiner Schwester zu erkennen gibt, verhindert Elektras Vorhaben im letzten Augenblick und vereint ihren Mordplan mit dem des Bruders.

Der besondere Reiz der sophokleischen *Elektra* muss für den zeitgenössischen Zuschauer darin bestanden haben, dass Elektra als Opfer der Intrige selbst zur Tat schreiten will und so die Gefahr droht, dass Apollons Orakel, das Orest im Prolog zitiert, nicht in Erfüllung geht. Denn Orest solle »nicht auf die Macht eines Heeres gestützt, heimlich, mit List, die gerechte Tötung vollziehen« (V. 36f.). Der zweite wesentliche Unterschied zu Aischylos' *Choëphoren* und Euripides' *Elektra* stellt die Bewertung des Muttermordes dar. Orest geht von Anfang an unbeirrt seinen Weg als Rächer. Voller Sendungsbewusstsein versteht er sich aufgrund des an ihn ergangenen Orakels als gottgesandter »Reiniger des Hauses« (V. 69f.), der durch die Ermordung von Klytaimestra und Aigisthos das durch Blutschuld befleckte Geschlecht des Tantalos sowie den Palast als den Ort der Greueltaten entsühnt. Keinen Augenblick zögert er bei der Durchführung seines Vorhabens. Er bedarf weder wie bei Aischylos der mahnenden Worte seines Freundes Pylades, um an den göttlichen Befehl erinnert zu werden, noch der Aufforderung der Schwester wie bei Euripides. Nach dem Muttermord hört man nichts von den Gewissensbissen, die Orest in den *Choëphoren* in Gestalt der Erinyen peinigen, nichts von den Vorwürfen, die die Geschwister, die angesichts ihrer Tat zusammenbrechen, bei Euripides gegen Apollon erheben. Doch gerade die Kenntnis des Mythos und der aischyleischen *Choëphoren*, eventuell sogar der euripideischen *Elektra*, wenn sie denn vor dem Stück des Sophokles auf die Bühne kam, kann für den zeitgenössischen Zuschauer Sophokles' *Elektra* zu einem Stück mit einem offenen Ende gemacht und ihn zum Nachdenken darüber gebracht haben, ob »Apollon wirklich einen guten Rat gegeben hat« (V. 1425) und wie die Geschwister nach ihrer Tat weiterleben können.

Philoktetes

Der im Jahre 409 aufgeführte *Philoktetes* weist mehrere Berührungspunkte mit der vermutlich wenige Jahre zuvor entstandenen *Elektra* auf. Im Mittelpunkt steht das Schicksal eines aus der Gesellschaft ausgestoßenen Menschen, der in einer seiner Herkunft unangemessenen Lage, ganz auf sich allein gestellt, lebt und dessen Leid nicht dem Willen einer

Gottheit oder einer Selbstüberhebung, sondern der Kollision verschiedener menschlicher Interessen entspringt.

Der Stoff der Tragödie entstammt dem trojanischen Sagenkreis. Während der Fahrt nach Troja war Philoktet auf der Insel Chryse von einer Schlange gebissen worden. Der Gestank, den die schwärende Wunde verbreitete, belästigte das griechische Heer so sehr, dass die Heerführer, Agamemnon und Menelaos, und Odysseus den Kranken auf der Insel Lemnos aussetzen ließen, wo er in völliger Einsamkeit., ohne jeglichen menschlichen Kontakt, ein kärgliches Leben fristet. Ein Vergleich der drei Philoktet-Dramen des Aischylos, des Sophokles und des Euripides, den der kaiserzeitliche Redner Dion von Prusa (40–120 n. Chr.) vornimmt (Rede 52), zeigt, dass die völlige Isolierung, in der Philoktet lebt, Sophokles' Arbeit am Mythos entspringt, da bei Aischylos und Euripides der Chor jeweils aus Bewohnern der Insel besteht.

Wie Elektra der Hass auf die Mutter und Aigisth aufrecht erhält, so ist auch Philoktets Denken vom Hass auf die Atriden und auf Odysseus bestimmt, der durch die täglichen Qualen, die er durchzustehen hat, stets neue Nahrung erhält. Vor Troja weissagt der trojanische Seher Helenos den Griechen im zehnten Kriegsjahr, dass nur durch den Bogen des Herakles und die Hilfe von Achills Sohn Neoptolemos die Stadt fallen werde. Der Bogen des Herakles ist Eigentum des Philoktet. Er hatte ihn einst von Herakles geschenkt bekommen, da er sich bereit erklärt hatte, auf dem Berge Oita den Scheiterhaufen anzuzünden und dadurch den Leiden des Heros ein Ende zu bereiten (vgl. Sophokles, *Trachinierinnen*). So fassen die Griechen den Entschluss, eine Gesandtschaft unter der Leitung von Neoptolemos und Odysseus nach Lemnos zu schicken, um in den Besitz der siegverheißenden Waffe zu gelangen. Odysseus' Plan, den er im Prolog entwickelt, sieht vor, dass Neoptolemos das Vertrauen Philoktets gewinnen solle, um auf diesem Weg in den Besitz des Bogens zu gelangen. Das Vorhaben scheint zu gelingen: Nach diesen zehn Jahren der

Einsamkeit und Verbitterung vertraut Philoktet einem jungen Mann, der derselben Schicht wie er selbst entstammt, dieselben Adelsideale zu vertreten und denselben Hass gegen Odysseus und die Atriden zu hegen scheint (V. 343ff.), und wird getäuscht. Umso erbitterter bricht er danach beinahe jegliche Kommunikation mit seiner Umwelt ab; er ist taub für die beschwichtigenden Worte des Chors, taub für Neoptolemos' Argumente. Eher will er auf die Heilung verzichten, die ihm das Orakel verheißt, wenn er mit nach Troja komme, als den Griechen zu Diensten zu sein.

Dem in seinem Hass unversöhnlichen Philoktet steht Odysseus gegenüber, ein mit allen Wassern gewaschener Machtpolitiker, der als Maßstab seiner Entscheidungen und Handlungen nur den Vorteil gelten lässt und dabei, wie es der Historiker Thukydides (III 82) in seiner Analyse der politischen Sitten der Jahre des Peloponnesischen Krieges beschreibt, vor Betrug nicht zurückschreckt, für den es keine absoluten Normen und Werte gibt und für den Orakel keine göttliche Offenbarung, sondern eine willkommene Rechtfertigung für sein Handeln und eine Argumentationsstütze darstellen.

Zwischen diese beiden Pole ist Neoptolemos gestellt, der von Odysseus dazu gebracht wird, sich durch eine Lügengeschichte Philoktets Vertrauen zu erschleichen, und zu diesem Zweck seinen ehrlichen Charakter für einen Tag verleugnen soll (V. 54ff.). Ohne Weiteres gewinnt der junge Mann Philoktets Vertrauen, der in der schlechten Behandlung, die die Heerführer angeblich Achills Sohn zuteilwerden ließen, sein eigenes Schicksal widergespiegelt sieht. Angesichts der Verzweiflung und Hoffnungslosigkeit, in die seine Unehrlichkeit Philoktet stürzt, gibt Neoptolomos, seiner wahren Natur gehorchend, von Mitleid mit dem Kranken überwältigt, Philoktet aber schließlich sein Ehrenwort, ihn in die Heimat zu bringen. Doch dadurch missachtet er die Interessen der Griechen, die ihre Hoffnungen auf Achills Sohn setzen, und das

Odysseus gegebene Versprechen, Philoktet, wie der Seherspruch es verlangte, nach Troja zu bringen. Wie er sich auch entscheidet, bricht er sein Wort. Aber trotz dieser tragischen Entscheidungssituation, der sich Neoptolemos ausgesetzt sieht, steht nicht er im Mittelpunkt der Tragödie, sondern der unwandelbare Charakter einer großen, das Normalmaß überschreitenden Persönlichkeit: Philoktet. Für einen derartigen Menschen gibt es wegen der Unwandelbarkeit seines Wesens keine Alternativen, sondern – wie für Antigone und Elektra – nur einen einzigen Weg, den er für richtig erkannt hat. Tragische Entscheidungen dagegen lasten auf schwächeren Personen, die richtig oder falsch handeln können, die Zweifel haben und wie Kreon in der *Antigone* erst durch Leiden zur Erkenntnis kommen.

Die Handlung der Tragödie wird durch zwei Motive bestimmt: durch das Orakel des trojanischen Sehers Helenos, das besagt, dass Philoktet freiwillig mit nach Troja fahren müsse, damit die Stadt, wie es vorherbestimmt sei, in demselben Sommer fallen werde (V. 1331ff.), und durch das dauernd drohende Scheitern des göttlichen Willens aufgrund menschlicher Intrigen und menschlichen Eigensinns. Wie der Verlauf der Handlung zeigt, ist der volle Wortlaut des Orakels Odysseus und Neoptolemos von Anfang an bekannt. Denn als die Matrosen, die den Chor bilden, ihrem Herrn Neoptolemos raten, ohne den schlafenden Philoktet, nur mit dem Bogen, abzusegeln, antwortet der Jüngling in daktylischen Hexametern, in denen er das Orakel gleichsam zitiert (V. 839–842):

> Dieser zwar hört jetzt nichts; doch ich weiß, dass wir umsonst [den Bogen
> Zur Beute machen, wenn wir ohne diesen da wegsegeln.
> Denn ihm gebührt der Siegeskranz, und der Gott hat uns [geheißen, diesen zu bringen.
> Sich mit Lügen einer unvollendeten Tat zu brüsten, ist [schändliche Schmach.

Doch statt sich dem göttlichen Willen zu fügen, versucht Odysseus, auf seine Weise dem Schicksal den Weg zu ebnen. Mehrfach besteht die Gefahr, dass das Orakel sich nicht erfüllt, besonders als Neoptolemos am Schluss der Tragödie, von Mitleid überwältigt, Philoktet verspricht, ihn nach Hause zu bringen (V. 1402ff.). Da erscheint als *deus ex machina* Herakles, dessen Bogen Philoktet einst auf dem Berge Oita von dem sterbenden Halbgott erhalten hatte, um gegen den menschlichen Eigensinn den göttlichen Willen durchzusetzen (V. 1409ff.).

Die *deus-ex-machina*-Szene trägt unter dem Gesichtspunkt der Wissens- und Erkenntnisproblematik durchaus pessimistische Züge: Selbst wenn den Menschen durch Orakel und Sehersprüche göttliches Wissen mitgeteilt wird, versuchen sie, diese Offenbarungen in ihren eigenen mangelhaften Erkenntnishorizont einzuordnen und zurechtzubiegen. Die Menschen würden, käme es nur auf sie an, in ihrer Selbstherrlichkeit die göttlichen Pläne durchkreuzen und zum Scheitern bringen: Neoptolemos hätte Philoktet nach Hause gebracht, Trojas Eroberung wäre gescheitert. Im Spiel der Tragödie kann der Dichter, wie dies ein Jahr später auch Euripides in seinem *Orestes* tun wird, durch den Kunstgriff des *deus ex machina* alles noch zu einem guten Ende bringen. Doch dadurch, dass Sophokles Herakles' Epiphanie aufgesetzt wirken lässt, macht er deutlich: Nur im Spiel ist ein glückliches Ende möglich, in der Realität triumphieren menschlicher Eigensinn und menschliche Bosheit.

4. Euripides

Leben

Die Gepflogenheit antiker Biographen, sich nicht an historisch belegten Fakten wie den ›Didaskalien‹, den staatlichen Aufzeichnungen über die dramatischen Wettkämpfe, zu orientieren, sondern das Werk eines jeden Dichters auf biographische Details hin auszuwerten und insbesondere den Spott der Komödie für bare Münze zu nehmen, hat vor allem in Bezug auf die Lebensbeschreibungen des Euripides, der von seinem Zeitgenossen Aristophanes mit Spott nicht verschont wurde, dazu geführt, dass Klatschgeschichten und Anekdoten ernstzunehmende Nachrichten überwuchern.

Nur wenige Daten können als gesichert gelten oder mit einer gewissen Wahrscheinlichkeit erschlossen werden. Geboren wurde Euripides zwischen 485–480 auf der Insel Salamis. Einen Chor, also das Aufführungsrecht bei den Großen Dionysien, erhielt er zum ersten Mal 455; den ersten Sieg errang er 441. Wie Aischylos verließ auch Euripides Athen (408 v. Chr.), um in Pella, am Hof des Makedonenkönigs Archelaos, seine letzten Lebensjahre zu verbringen. Über die Gründe, dass er Athen den Rücken kehrte, kann man nur spekulieren: Verließ er seine Heimatstadt aus Enttäuschung über den geringen Erfolg, den er bei den tragischen Agonen errang, oder aus Verzweiflung über die desaströse politische Lage gegen Ende des Peloponnesischen Krieges, oder folgte er einfach nur wie andere Dichter und Künstler dieser Zeit, wie z.B. der Lyriker Timotheos von Milet, der ehrenvollen und sicher auch lukrativen Einladung des Makedonenkönigs? Gestorben ist er in Makedonien im Jahr 406, kurz vor den Großen Dionysien (ca. Februar/März). Auf die Nachricht von Euripides' Tod ließ Sophokles den Chor unbekränzt zum Proagon (s. S. 24, 79) erscheinen.

Vergleicht man diese mageren biographischen Nachrichten mit Aischylos' und Sophokles' Leben, sticht ins Auge, dass Euripides weder ein wichtiges politisches oder religiöses Amt in Athen bekleidete noch als athenischer Soldat an irgendwelchen kriegerischen Aktionen teilnahm. Immerhin besteht die Möglichkeit, dass er im Zusammenhang mit der sogenannten Sizilischen Expedition Athens (415–413) als Gesandter seiner Heimatstadt tätig war.

Obwohl Euripides 22-mal am tragischen Agon teilnahm, belegte er nur viermal den ersten Rang. Erst nach seinem Tod wurde er im 4. Jahrhundert, nachdem im Jahre 386 v. Chr. Wiederaufführungen ›alter‹, also klassischer Tragödien des 5. Jahrhunderts zugelassen worden waren, der tragische Dichter par excellence – als solchen bezeichnet ihn Aristoteles in der *Poetik* (c. 13, 1453a29) – und beeinflusste durch seine Stoffe und seine dramatische Technik entscheidend die Tragödien des 4. Jahrhunderts, insbesondere aber die Mittlere und Neue Komödie (4./3. Jh. v. Chr.) und über die Vermittlung der römischen Komödiendichter Plautus (ca. 250–184) und Terenz (195/185–159) sowie des Philosophen und Tragikers Seneca (Zeitenwende – 65 n. Chr.) das europäische Drama insgesamt.

Werk

Die Anzahl der Stücke des Euripides lässt sich aufgrund widersprüchlicher Angaben nicht mit Sicherheit ermitteln. Die alexandrinischen Philologen kannten 92 Titel; erhalten waren jedoch offensichtlich nur noch 78, unter denen sich nach ihrer Auffassung drei Pseudepigrapha (nicht von Euripides stammende, falsche ›Zuweisungen‹) befanden (*Peirithous*, *Rhadamanthys*, *Tennes*). Die alexandrinische Ausgabe enthielt also 75 echte Stücke. Wenn die Notiz des byzantinischen Lexikons *Suda* stimmt, Euripides habe 22-mal am tragischen Agon teilgenommen, würde man auf insgesamt 88 Stücke kommen (92, abzüglich der drei Pseudepigrapha und des mit größter Wahrscheinlichkeit nicht von Euripides, sondern aus dem 4. Jh. stammenden *Rhesos*).

Im Gegensatz zu Sophokles stehen wir bei der Datierung der euripideischen Tragödien indes auf sichererem Boden. Fest datiert sind *Alkestis* (438), *Medea* (431), *Hippolytos* (428), *Troerinnen* (415), *Helena* (412), *Orestes* (408) sowie *Iphigenie in Aulis* und *Bakchen* (postum nach 406). In dieses Gerüst der sicher datierten Stücke lassen sich die übrigen mit Hilfe der metrischen Analyse der iambischen Trimeter einordnen, in denen Euripides im Verlauf der Zeit eine immer größere Häufigkeit von Auflösung zuließ, das heißt: In der iambischen Sequenz ›kurz‹ – ›lang‹ (◡ –) können sowohl die Kürze als auch die Länge durch eine Doppelkürze (◡◡) ersetzt werden. In den frühen Dramen findet sich eine Auflösungsquote von ca. 7% in der *Alkestis*, die sich über 35,5% (*Helena*) zu fast 50% (*Orestes*) steigert. Euripides scheint mit diesem Mittel die Sprechverse immer mehr dem gesprochenen Griechisch angenähert zu haben. So ergibt sich für die nicht durch externe Zeugnisse datierten Stücke folgende relative Chronologie: *Herakliden* (431–428), *Andromache*, *Hekabe* und *Hiketiden* (zwischen 430 und 420), *Elektra* und *Herakles* (zwischen 420 und 416), schließlich *Iphigenie bei den Taurern*, *Ion*, *Phönizierinnen* und das Satyrspiel *Der Kyklop* (zwischen 415 und 408).

Durch die Gunst der Überlieferung ist von dem Gesamtwerk des Euripides knapp ein Viertel erhalten. Dazu kommen umfangreiche Fragmente und zahlreiche Inhaltsangaben (›Hypothéseis‹) aus alexandrinischer Zeit, so dass wir von dem jüngsten der drei Tragiker ein wesentlich klareres Bild haben als von den beiden älteren. In der folgenden Darstellung der Tragödien des Euripides werden die Stücke unter inhaltlichen Gesichtspunkten zu Gruppen zusammengefasst.

Drei Frauen: *Alkestis – Medea – Phaidra*

In der 411 aufgeführten Komödie *Thesmophoriazusen* des Aristophanes versammeln sich die athenischen Frauen am Fest der Thesmophoren, der Göttinnen Demeter und Persephone, um über Euripides zu Gericht zu sitzen, da er nicht davon ablasse, die Frauen in seinen Stücken zu verleumden. Die komische Verurteilung von Euripides als Frauenfeind und der Vorwurf, den ihm Aristophanes in den *Fröschen* (V. 1043ff.) macht, er habe die Athener verdorben, indem er in seinen Tragödien unerlaubte, schändliche Leidenschaften vorgeführt habe, haben ihren Ursprung vor allem in der immer wieder angeführten Gestalt der Phaidra, mit der sich Euripides in seinen beiden Hippolytos-Stücken, von denen nur das zweite von 428 erhalten ist, auseinandersetzte. Der komischen Tendenz zur Vereinfachung entsprechend, greift Aristophanes einen auffälligen Frauentypus der euripideischen Tragödien heraus, ohne der Vielfalt und Vielschichtigkeit seiner Frauenfiguren gerecht zu werden. In vielen Stücken der 30er und 20er Jahre stellte Euripides das Schicksal, die gesellschaftliche Stellung, die Gefühle und Leidenschaften einer Frau in den Mittelpunkt, immer wieder beleuchtete er aus verschiedenen Perspektiven das Verhältnis Mann – Frau. In den Gestalten der Alkestis, der Medea und der Phaidra lassen sich drei verschiedene Deutungen dieses Themas deutlich machen.

Die *Alkestis* wurde nach den *Kreterinnen*, dem *Alkmeon in Psophis* und *Telephos* als viertes Stück, also anstelle des Satyrspiels, im Jahre 438 v. Chr. aufgeführt. So dürfte es kein Zufall sein, dass die *Alkestis* einen glücklichen Ausgang hat und insbesondere in den Gestalten des geprellten Unholds, des Todes, und des zechenden, unbeschwerten Helden Herakles satyrspielhafte, komische Züge aufweist. Zwei alte volkstümliche Motive – der Liebesopfertod und die Besiegbarkeit des Todes, verknüpft mit der Heroensage – bilden den Mythos der Alkestis. Apollon, einer Blutschuld wegen für ein Jahr aus dem Olymp verbannt und zum Frondienst bei Admetos, dem König von Pherai, in Thessalien verdammt, erfährt von dem frühen Tod, der seinem freundlichen Herrn bestimmt ist, und erreicht von den Moiren, den Schicksalsgottheiten, den Aufschub dieses Schicksals, wenn denn Admet Thanatos, dem leibhaftigen Tod, einen Ersatz stelle. Doch niemand ist bereit, für Admet zu sterben, auch seine Mutter und sein Vater Pheres nicht, und so opfert sich für ihn am Hochzeitstag – dem verhängten Todestag – seine junge Gemahlin Alkestis, die Tochter des Pelias aus Iolkos. Als kurz darauf Herakles auf dem Weg zu seiner achten ›Arbeit‹ die Gastfreundschaft seines trauernden Freundes in Anspruch nimmt und von Alkestis' Tod hört, lauert er dem Thanatos am Grab auf und entreißt ihm die Tote.

Das Stück des Euripides beginnt an dem Tag, an dem Alkestis sterben soll. Die Handlung zerfällt klar in zwei Blöcke: Der erste Abschnitt (V. 1–746) führt das Sterben der Alkestis sowie die Vorbereitungen zu ihrem Begräbnis vor. Der Auszug des Chores der alten Männer, die sich dem Leichenzug anschließen, bildet einen deutlichen Einschnitt und macht die Zäsur umso einschneidender, als der Chor im griechischen Drama höchst selten während der Handlung aus der Orchestra auszieht. Der zweite Teil des Stückes weist Merkmale des Satyrspiels auf. Die Verbindung der beiden Handlungsteile wird durch die Person des Herakles geleistet, den Admet, der Pflicht der Gastfreundschaft gehorchend, in sein Haus aufnimmt, ohne ihm zu berichten, dass Alkestis für ihn in den Tod gegangen ist (V. 476ff.). Als Herakles nach dem Auszug der Trauernden von einem Diener den wahren Anlass von Admets Kummer und Leid erfährt, setzt, seinem Charakter als Nothelfer entsprechend, die aus dem Satyrspiel bekannte Rettungshandlung ein: Herakles befreit Alkestis aus den Fängen des Todes, der Unhold – auch dies ein Motiv des Satyrspiels – ist um seine Beute geprellt.

Dieses untragische Ende, das die hochpathetischen und rührenden Abschieds- und Trauerszenen des ersten Teils aufhebt, wird im Prolog von Apollon bereits angekündigt. Das stellt ein Verfahren dar, das Euripides in den späten Stücken häufig anwendet und das seinen Weg in die Kompositionstechnik der Neuen Komödie gefunden hat. Die Aufgabe des Götterprologs in der Ökonomie des Dramas liegt darin, die Vorgeschichte darzulegen. Indem zusätzlich auch das Ende vorweggenommen wird, lenkt der Dichter die Aufmerksamkeit des Zuschauers vor allem auf die Art und Weise, wie die Handlung zu dem vorgegebenen Ziel geführt wird. Ein besonderer Reiz entsteht dabei aus der Diskrepanz zwischen dem Vorwissen des Publikums und dem mangelnden Wissen der handelnden Personen, der sogenannten dramatischen Ironie. Indem Euripides die kommenden Verwicklungen und Gefahren, die aufgrund dieses mangelnden Wissens der *dramatis personae* zustande kommen, im Prolog bereits ankündigt, gelingt es ihm, »die Zuschauer auch dann schon mit Mitleiden für die Personen einzunehmen, wenn diese Personen selbst sich noch weit entfernt glaubten, Mitleid zu verdienen« (G. E. Lessing: *Hamburgische Dramaturgie*, 49. Stück, 1767–69).

Die entscheidende Neuerung des Euripides gegenüber den nicht erhaltenen Bearbeitungen des Alkestis-Stoffes durch Phrynichos und Aischylos besteht darin, dass er nicht die tragische Entscheidung der Alkestis, für ihren Gatten in den Tod zu gehen, in den Mittelpunkt seines Dramas stellt, sondern diesen Entschluss um Jahre zurückverlegt und Alkestis' Tod nach langen Ehejahren zum Sujet seines Stücks macht. Diese Änderung ermöglicht es ihm, die Situation von zwei Menschen angesichts des Todes, der dadurch, dass er gegen die Konvention des attischen Theaters auf der Bühne dargestellt wird, umso eindrucksvoller und rührender wirkt, in ihren vielfältigen Auswirkungen vorzuführen. Der Bericht der Dienerin, die dem wartenden Chor die Vorgänge im Palast meldet (V. 141ff.), sowie Alkestis' Abschied von ihrem Gatten und ihren Kindern sind aus der Perspektive der Ehefrau dargestellt, die wie Deianeira in Sophokles' *Trachinierinnen* sich von ihrem Lebensbereich trennen muss und für ihn Vorsorge trifft, indem sie, auf ihr Opfer pochend, Admet das Versprechen abnimmt, keine neue Frau als Stiefmutter ihrer Kinder ins Haus zu nehmen. Der rührende menschliche Aspekt der Abschiedsszene ist demnach untrennbar verbunden mit sozialen Gesichtspunkten, indem Alkestis gleichsam vertraglich ihren Aufgabenbereich gegen Eingriffe nach ihrem Tod absichert.

Admet erkennt jetzt, nach Alkestis' Tod, den wahren Verlust; zu spät (V. 940) sieht er, dass er sich durch das Opfer der geliebten Frau ein Weiterleben ohne Wert erkauft hat. In seinen Äußerungen stehen menschliche, psychische Reaktionen neben gesellschaftlichen Gesichtspunkten. Während Alkestis, ganz der Rolle der athenischen Frau im 5. Jahrhundert entsprechend, die familiären Belange im Innern ordnet, sieht Admet das äußere Ansehen seines Hauses gefährdet: Das selbstlose Opfer seiner Frau werde ihm üble Nachrede eintragen, jeder Feind könne ihm den Vorwurf der Feigheit machen (V. 954ff.). Der gesellschaftliche Zwang, dem sich Admet als Hausherr ausgesetzt sieht, wird in zwei Szenen deutlich vorgeführt: Trotz seiner Trauer (V. 328ff.) bewirtet er, um nicht die Pflicht der Gastfreundschaft zu verletzen und als schlechter Hausherr verschrien zu werden (V. 553ff.), Herakles großzügig in seinem Haus. Vor allem aber nimmt er die verhüllte Frau auf, die Herakles ihm, auf das Recht des Gastes pochend, gegen seinen Willen anvertraut, bis er von seinem nächsten Abenteuer zurückkehre, ohne zu ahnen, dass der Gast ihm Alkestis in Obhut gibt. Erst als Admet, dem Zwang sich fügend, die Frau gegen das Alkestis gegebene Versprechen ins Haus geleitet, enthüllt Herakles die Gerettete und gibt sie ihrem Mann zurück.

Die gesellschaftlichen Verpflichtungen und der äußere Druck sind so stark, dass Admet innerhalb kürzester Zeit zweimal sein unter größten Beteuerungen gegebenes Versprechen bricht: Er nimmt sowohl einen Gast als auch eine fremde Frau in sein Haus auf. Der Wunsch, den Alkestis aus der Sicht einer Frau als angemessene, gerechte Vergeltung für ihr Opfer betrachtet (V. 302), kann von ihrem Gatten nicht erfüllt werden, da er sich in seinem Leben ganz anderen Bedingungen und Verpflichtungen unterworfen sieht. Der märchenhafte Schluss und die glückliche Auflösung überdecken – wie so oft bei Euripides – das Dilemma, auf das das Drama hinausläuft: in diesem Fall den unlösbaren Gegensatz zwischen der männlichen und der weiblichen Position.

Bereits bei seinem Debüt als tragischer Dichter im Jahr 455 hatte Euripides mit den Pelias-Töchtern eine Episode des Jason-Medea-Mythos auf die Bühne gebracht; 24 Jahre später beschäftigte er sich wieder mit der Gestalt Medeas und belegte mit diesem wirkungsträchtigen Stück, das sich in den folgenden Jahrhunderten großer Beliebtheit erfreute, hinter Aischylos' Sohn Euphorion und Sophokles nur den dritten Platz.

Als Jason, der Sohn des Aison, unter der Obhut des Kentauren Cheiron herangewachsen ist und in seine Vaterstadt Jolkos heimkehrt, findet er auf dem Königsthron statt seines Vaters seinen Onkel Pelias vor, der ihm verspricht, ihm den Thron abzutreten, wenn er ihm aus dem fernen Kolchis am Schwarzen Meer das Goldene Vlies hole. Darauf lässt Jason von der Göttin Athene die Argo, nach dem Mythos das erste Schiff der Menschheit, bauen, sammelt die berühmtesten Helden seiner Zeit um sich und gelangt schließlich nach abenteuerlicher Fahrt nach Kolchis, über das der König Aietes gebietet. Mit der Hilfe Medeas, der zauberkundigen Tochter des Aietes, vermag Jason das Goldene Vlies in seinen Besitz zu bringen. Medea war von Hera und Aphrodite mit leidenschaftlicher Liebe zu Jason erfüllt worden und entflieht nach vollbrachter Tat mit dem geliebten Helden nach Griechenland. Pelias, der nicht mit der Heimkehr Jasons gerechnet und Aison getötet hat, löst sein Versprechen jedoch nicht ein. Die Rache an dem treulosen Onkel wird von Medea in die Wege geleitet: Unter dem Vorwand, Pelias verjüngen zu wollen, stiftet sie seine Töchter, die Peliaden, dazu an, den Vater zu zerstückeln und sein Fleisch zu kochen. Um der Rache des

Akastos, Pelias' Sohn, zu entgehen, fliehen Jason und Medea nach Korinth, wo das Stück des Euripides spielt.

Die Inhaltsangabe eines anonymen antiken Philologen aus hellenistischer Zeit verdeutlicht die zentrale Stellung Medeas, die – darin sophokleischen Protagonisten wie Oidipus vergleichbar – von Anfang bis Ende das dramatische Geschehen beherrscht: Jason kommt mit Medea nach Korinth und verlobt sich mit Glauke, der Tochter des Korintherkönigs Kreon. Als Medea von Kreon aus Korinth verbannt werden soll, bittet sie um Aufschub; ein Tag wird ihr gewährt und sie schickt (scheinbar) zum Dank durch ihre Kinder ein Gewand und einen goldenen Kranz als Geschenk zu Glauke; als jene die Sachen anlegt, kommt sie um, ebenso Kreon, als er seine Tochter umarmt. Medea tötet ihre eigenen Kinder, flieht auf einem von geflügelten Drachen gezogenen Wagen, den sie von Helios erhalten hat, nach Athen und heiratet dort Aigeus, den Sohn des Pandion.

In einer sich steigernden Szenenfolge wird Medeas Racheplan, mit dem sie den treulosen und undankbaren Gatten vernichten will, entwickelt. Zunächst ertönen die Schreie der verzweifelten Frau aus dem Haus (V. 96ff.). Nach dem Auftritt der von Jason verstoßenen Frau wird deutlich, dass ihr ganzes Denken und Trachten nur darauf gerichtet ist, einen Weg zu finden, um Jason für seinen schnöden Verrat zu bestrafen (V. 260ff.). Kreon, der Medea die Verbannung verkündet und ihr schließlich, durch ihre schmeichlerischen und unterwürfigen Worte bewegt, einen einzigen Tag Aufschub gewährt (V. 271ff.), zwingt sie hierdurch, innerhalb dieser knapp bemessenen Frist das Werk der Rache zu vollenden (V. 401–409). Das anschließende Zusammentreffen Jasons mit der von ihm verlassenen Frau unterbricht die Rachehandlung und dient Jasons Charakterisierung. Er ist ein Durchschnittsadliger, der nur seine gesellschaftliche Stellung und seinen Vorteil im Auge hat, in einer fadenscheinigen Argumentation seinen schnöden Verrat als Wohltat für Medea und die Kinder hinstellt und Medeas Verdienste um ihn herunterzuspielen versucht. Medeas Suche nach einem Weg für ihre Rache erhält ihr Ziel durch Aigeus' Auftritt (V. 663ff.). Die drückende Kinderlosigkeit, aus der der athenische König durch einen delphischen Orakelspruch befreit zu werden hofft, zeigt ihr, wie sie Jason am meisten treffen kann: durch die völlige Zerstörung seines ›Hauses‹ durch die Ermordung der gemeinsamen Kinder (V. 772–797).

Im zweiten Teil der Tragödie (V. 764–1419) wird die Intrige eingeleitet und durchgeführt. Abgesichert durch Aigeus' Versprechen, ihr, sofern sie ohne seine Hilfe Athen erreiche, Asyl zu gewähren, gaukelt sie Jason in einer ›Trugrede‹ vor, dass sie sich, zur Einsicht gekommen, schließlich doch fügen werde, und erreicht damit, dass die Kinder mit den tödlichen Geschenken bei Kreons Tochter vorgelassen werden. Anschließend vollzieht sie den zweiten Schritt der Rache, die Ermordung der beiden Kinder.

Euripides hat mit Medea einen Charakter geschaffen, der sich in vielen Zügen mit Sophokles' Aias vergleichen lässt: Wie der sophokleische Held fürchtet auch Medea um ihr Ansehen, sie befürchtet, aufgrund der Schmach, die Jason ihr angetan hat, verlacht zu werden (V. 383, 404, 797, 1049, 1355). Wie Aias das Leben und die gesellschaftliche Stellung seiner Angehörigen und Schutzbefohlenen, von Tekmessa, Eurysakes, Teukros und dem Chor, durch seine verzweifelte Rachetat gefährdet, äußert die Amme hier schon im Prolog, in dem – auch dies eine Parallele zum *Aias* – Medeas Schreie zu hören sind, ihre Sorge um die Kinder (V. 36, 90) und lässt sie – wie Tekmessa ihren Sohn Eurysakes – in Sicherheit bringen. Wie im *Aias* ist auch in der *Medea* die Eintagesfrist von Bedeutung, und wie der sophokleische Protagonist setzt auch Medea das Mittel der Trugrede ein, um ihr Vorhaben durchzusetzen. Neben diesen Berührungspunkten fallen jedoch zwei gravierende Unterschiede auf, die das Besondere und Einmalige von Euripides' *Medea* ausmachen: Während Sophokles dem tragischen Helden in Tekmessa eine Kontrastperson entgegenstellt, die den Durchschnittsmenschen repräsentiert und durch die Auseinandersetzung mit dem Protagonisten gerade vor dem Hintergrund ihrer Normalität dessen Überzeugungen und Motive umso deutlicher aufscheinen lässt, fehlt bei Euripides eine derartige Folie. Euripides verlagert den Konflikt der zwei Emotionen, der natürlichen Mutterliebe und des unstillbaren Verlangens nach Rache, ins Innere Medeas. Beim Anblick ihrer Kinder trägt sie diesen Kampf mit sich selbst aus, schwankt zwischen Mutterliebe und dem Hass auf den treulosen Gatten, bis schließlich der Hass obsiegt und sie nun fest entschlossen ist, ihren Plan umzusetzen (V. 1042–1053).

Der zweite wesentliche Unterschied zur Konzeption von Sophokles' *Aias* liegt darin, dass Medeas Racheplan von Erfolg gekrönt ist. Wie eine *dea ex machina* entschwindet sie auf dem Wagen ihres Ahnherrn Helios, des Sonnengottes, nach Athen, nachdem sie – auch darin einem Gott vergleichbar – einen Sühnekult für ihre getöteten Kinder gestiftet und Jasons Tod vorausgesagt hat (V. 1378–1388). Dieses Ende, das Aristoteles in der *Poetik* (c. 15, 1454b1) als Anhängsel tadelt, das sich nicht organisch aus der Handlung entwickle, ist die logische Konsequenz des Spiels, das der Dichter mit den Gefühlen des Publikums treibt. Das Mitleid mit der rechtlosen, leidenden und betrogenen Frau wird durch die unmenschliche Mordtat zerstört, die sie begeht. Das Mitgefühl schlägt in Entsetzen um, zumal der absichtliche Kindermord vermutlich von Euripides in den Mythos eingeführt wurde und deshalb der Erwartung des Publikums entgegenlief. Indem Euripides Medea aber am Ende der Tragödie in eine gleichsam göttliche Stellung versetzt, entrückt er sie ganz der menschlichen Sphäre, menschlichen Normen und Werten und entzieht sie der Anteilnahme der Zuschauer. Die Heroine hat ihr Schicksal selbst in der Hand. Ungehindert entkommt sie aufgrund ihres eigenen Plans, dem im Voraus durch König Aigeus gewährten Asyl, nach Athen. Doch wie wird sie nach der Ermordung der eigenen Kinder dort weiterleben können? Diese Frage macht die Fragwürdigkeit, die Brüchigkeit von Medeas triumphalem Sieg deutlich.

Wenige Jahre nach seiner ersten Bearbeitung des Phaidra-Hippolytos-Stoffes im *Hippolytos kalyptómenos* befasste sich Euripides 428 zum zweiten Mal mit diesem dem athenischen Sagenkreis angehörenden Mythos und errang mit seinem Stück den ersten Platz. Theseus, König von Athen, dessen Gemahlin Phaidra, die Tochter des Kreterkönigs Minos und der Pasiphaë, ist, hat von der Amazone Hippolyte (bzw. Antiope) einen Sohn namens Hippolytos, der – der euripideischen Version zufolge – bei Pittheus, dem König von Troizen in der südlichen Argolis, aufwächst. Als Hippolytos nach Athen reist, um den Mysterien beizuwohnen, sieht Phaidra den schönen Jüngling und wird von leidenschaftlicher Liebe zu ihrem Stiefsohn ergriffen. Als Theseus bald darauf eine Mordtat mit einjähriger Verbannung büßen muss und mit Phaidra nach Troizen übersiedelt, bricht der Konflikt zwischen weiblicher Ehre und verwerflicher Liebe wie eine Krankheit in Phaidra aus. Hier setzt die Tragödie des Euripides ein.

Der wesentliche Unterschied zwischen den beiden Fassungen muss darin bestanden haben, dass im ersten *Hippolytos* Phaidra selbst ihrem Stiefsohn die unziemliche Liebeserklärung machte, der daraufhin aus Scham sein Haupt verhüllte (daher der Zusatz *kalyptómenos*, ›der sich Verhüllende‹). Mit dem direkten Liebeswerben Phaidras sei Euripides den Athenern zu weit gegangen; er habe deshalb nach dem Misserfolg des ersten Stückes das »Anstößige und Tadelnswerte« korrigiert – schreibt der antike Philologe in seiner Einleitung zu dem Stück – und mit dem zweiten *Hippolytos*, der den Zusatz ›der Bekränzte‹ trägt (Hippolytos trägt als leidenschaftlicher Jäger und Verehrer der Artemis einen Kranz), schließlich Erfolg gehabt. Zur Lokalisierung des zweiten *Hippolytos* in Troizen wird Euripides dadurch geführt worden sein, dass Hippolytos als Schützer der Keuschheit – wohl als alter Jahres- und Vegetationsdaimon – in Troizen Kult und Tempel hatte. Die Bräute opferten ihm vor der Hochzeitsnacht, und Mädchenchöre besangen sein Schicksal, wenn er jährlich – wie Adonis und andere ähnliche Heroen – starb und wiederauferstand.

Im Gegensatz zur *Medea* fehlt im *Hippolytos* ein dominierender Charakter; die Handlung erhält die entscheidenden Impulse nicht nur von einer Person und konzentriert sich nicht nur auf einen Einzigen, vielmehr schaffen die Beziehungen der Amme, der Phaidra, des Hippolytos und des Theseus untereinander sowie vor allem der Gegensatz zwischen den beiden Göttinnen, Aphrodite, der Göttin der Liebe, im Prolog und Artemis, der jungfräulichen Göttin der Jagd, in der Exodos, das Kräfte- und Spannungsfeld, in dem das verhängnisvolle Geschehen seinen Lauf nimmt.

Es ist oft festgestellt worden, dass das Geschehen des *Hippolytos* ohne die beiden Göttinnen nichts von seiner Schlüssigkeit einbüßen würde. Doch gerade dieser göttliche Rahmen verleiht den menschlichen Absichten und Handlungen ihre Deutung und gibt dem Stück eine theologische Dimension. Hippolytos und Theseus, Phaidra und die Amme verkörpern vier Lebenseinstellungen, die durch den Einbruch einer unberechenbaren Macht, der leidenschaftlichen Liebe, in ihrer Brüchigkeit bloßgestellt werden. Sowohl Hippolytos als auch Phaidra betonen immer wieder, dass sie ihr Tun nach dem Adelsideal der Sophrosýne (*σωφροσύνη*), nach der Tugend, ein vernünftiges Leben in Selbstbeherrschung zu führen, ausrichten wollen. Da sich jedoch Sophrosýne der Leidenschaft gegenüber, die Phaidra selbst als schädlich und schändlich erkennt, als machtlos erweist, bleibt dieser nur der Selbstmord, um nach außen ihre Ehre, ihre gesellschaftliche Stellung als Gattin des Königs und das Ansehen von Theseus' Haus, zu retten (V. 398ff., 715ff.) und gleichzeitig bittere Rache an dem unnahbaren Stiefsohn zu nehmen, der in ihrer Not den Stolzen spielte und der bald von seinem Hochmut geheilt werde, so ihre drohenden Worte, bevor sie in den Tod geht (V. 725–731). Diese ›Heilung‹ führt sie durch einen anklagenden Brief herbei, in dem sie Hippolytos beschuldigt, ihr nachgestellt zu haben. Zornentbrannt bittet Theseus, der in diesem Moment zurückkehrt, seinen Vater Poseidon um die Erfüllung des dritten Wunsches, den er ihm gewährt hatte: Er soll den Sohn vernichten.

Hippolytos' Sophrosýne, auf die er von Anfang an voller Stolz verweist, entpuppt sich im Verlauf der Handlung geradezu als ihr Gegenteil. Seine einseitige Verehrung der Artemis und die Verachtung, die er der Göttin der Liebe entgegenbringt, entlarven seinen Anspruch, Sophrosýne zu besitzen, als Hybris, als ›Grenzverletzung‹, als Beleidigung der Götter, da ihm die zwei Grundvoraussetzungen für diese Tugend fehlen: die Einsicht in das eigene Wesen sowie die Fähigkeit, in seinen Handlungen nichts zu übertreiben. Für den Zuschauer des 5. Jahrhunderts enthielt diese Einseitigkeit eine weitere Dimension, die Euripides zur Lenkung der Sympathie des Publikums einsetzt: Sophrosýne war im 5. Jahrhundert ein Schlagwort der Oligarchen und hatte demnach vor einem vorwiegend demokratischen Publikum einen negativen Klang.

Indem Euripides Hippolytos immer wieder den Anspruch auf Sophrosýne erheben lässt und ihn im Prolog zudem als leidenschaftlichen Jäger einführt, charakterisiert er ihn als Aristokraten, der beim demokratischen Publikum nicht auf große Sympathie stoßen konnte, zumal er recht herablassend das Zugeständnis gibt, sich vor dem Volk, in aller Öffentlichkeit, zu rechtfertigen (V. 983ff.). Es ist jedoch bezeichnend für Euripides' Charakterisierungstechnik, dass diese Distanz, die zwischen dem Publikum und dem tragischen Helden besteht, am Schluss der Tragödie aufgehoben wird: Mit dem von Schmerzen gepeinigten Hippolytos, der sich auf dem Totenbett mit seinem Vater versöhnt und ihm vergibt (V. 1446ff.), kann der Zuschauer Mitleid empfinden.

Das Geflecht der zwischenmenschlichen Beziehungen ist in die göttliche Rahmenhandlung eingespannt: Aphrodite betont im Prolog, dass sie Hippolytos nicht wegen seiner übermäßigen Verehrung der Artemis, sondern wegen der Verachtung, mit der er sie behandle, bestrafen werde. Sie streicht Phaidras edlen Charakter heraus; doch Theseus' Gattin müsse sterben, damit die göttliche Rache ihr Ziel erreiche. Artemis verkündet in der Exodos dem trauernden Vater und dem sterbenden Sohn, dass sie Hippolytos' Tod nicht ungerächt lassen werde, sondern den, der Aphrodite am liebsten sei – gemeint ist Adonis –, mit ihren Pfeilen niederstrecken werde (V. 1420–1422). So sind sich die beiden Göttinnen trotz der Gegensätze, die sie vertreten, letzten Endes ähnlich in der unmenschlichen Grausamkeit, mit der sie ihren Bereich, ihre Ehre gegeneinander verteidigen. Die Menschen sind bloße Schachfiguren auf diesem göttlichen Spielbrett, ihr Handeln und Denken sind zum Scheitern verurteilt, schlagen in das Gegenteil der eigentlichen Absicht um und erweisen sich als vergeblich und sinnlos. Doch der Anlass der göttlichen Grausamkeit ist nicht Willkür der Götter, sondern – darin berührt sich die euripideische Theologie im *Hippolytos* mit Aischylos' Theodizee – menschliches Fehlverhalten, menschliche Hybris.

Die Grausamkeit der Götter und der Sieg der Menschlichkeit: *Der rasende Herakles*

Eine Weiterentwicklung des Götter- und Weltbildes des *Hippolytos* ist im ungefähr zwölf Jahre später entstandenen, in der böotischen Stadt Theben spielenden *Herakles* greifbar. Herakles' Beziehung zu Theben wird durch die Sage folgendermaßen begründet: Elektryon, der Herrscher von Mykene, hat seine Herrschaft seinem angehenden Schwiegersohn Amphitryon, dem Sohn des Alkaios, übergeben. Durch einen unglücklichen Zufall tötet Amphitryon den Elektryon und muss in die Verbannung gehen; zwar begleitet ihn seine Frau Alkmene nach Theben, doch verlangt sie von ihm, dass er den Tod ihrer Brüder an den feindlichen Teleboern rächt. Kreon, der König in Theben ist, gibt ihm ein Heer, und Amphitryon zieht in den Krieg. Da aber wird Zeus auf die schöne Alkmene aufmerksam. Gerade in der Nacht, in der Amphitryon siegreich heimkehrt, besucht sie der Gott in Gestalt ihres Gatten, und so empfängt Alkmene von Zeus und Amphitryon Zwillinge: Des Zeus Sohn wird Herakles, Amphitryons Iphikles genannt. Seit seiner frühesten Kindheit ist Hera, die stets eifersüchtige Gemahlin des Zeus, Herakles äußerst feindlich gesinnt. Schon dem Säugling schickt sie zwei Schlangen in die Wiege, die er erwürgt, und als der junge Held später für seine Verdienste um Theben – er hat die Minyer besiegt – von Kreon mit der Hand seiner Tochter Megara belohnt worden ist, setzt sie der glücklichen, mit Kindern gesegneten Ehe ein schreckliches Ende, indem sie Herakles in Wahnsinn versetzt und ihn Gattin und Kinder in dem Wahn töten lässt, er töte seine Feinde. Als Sühne für diese Untat muss Herakles – nach dem Spruch der Pythia – in den Dienst des mykenischen Königs Eurystheus treten und für diesen in zwölf Jahren zwölf schwere Aufgaben lösen, dann werde er unsterblich werden.

Euripides gruppiert diese durch den Mythos vorgegebenen Ereignisse in seiner Herakles-Tragödie um: Während der Held die letzte der ihm von Eurystheus aufgetragenen Aufgaben löst, den Höllenhund Kerberos aus dem Hades zu holen, ergreift in Theben Lykos die Macht und bedroht die Familie des Herakles, seinen alten ›Stiefvater‹ Amphitryon, seine Gattin Megara und seine Kinder, mit dem Tode. In höchster Gefahr erscheint Herakles gerade rechtzeitig und tötet den Usurpator (V. 1–814). Kaum haben die alten Männer, die den Chor bilden, ein Jubellied angestimmt, erscheinen, von Entsetzensschreien der Alten begleitet, die Götterbotin Iris und Lyssa, die Göttin des Wahnsinns, um auf Heras Befehl Herakles' Sinn zu verwirren und ihn zum Mord an seinen Kindern zu treiben (V. 815ff.). Das Klagelied des Chores wird durch Amphitryons Schreie aus dem Innern des Palastes unterbrochen, und ein Diener berichtet den Alten die schrecklichen Ereignisse: Herakles hat im Wahn, er töte Eurystheus und dessen Söhne, Frau und Kinder abgeschlachtet. Vom Mord am Vater habe ihn im letzten Augenblick Athena abgehalten, indem sie ihn durch einen Steinwurf betäubt habe. Auf dem Ekkyklema (s.o. S. 28) herausgerollt, erwacht Herakles aus der Bewusstlosigkeit und erfährt von seinem Vater die grausame Wahrheit. Nur Theseus, der dem Freund gegen den Usurpator zu Hilfe kommen wollte, kann ihn vom Selbstmord abhalten, indem er ihm Asyl und Entsühnung in Athen verspricht.

Das Stück weist, wie der kurze Überblick über die Handlung zeigt, eine klare Zweigliedrigkeit auf: Im ersten Handlungsteil (V. 1–814) erfolgt die mit Spannung erwartete Rückkehr des Helden und die Rettung der Familie, im zweiten Abschnitt, eröffnet durch den Prolog von Iris und Lyssa, tritt die völlig überraschende Wendung des Geschehens ein. Die dramatische Struktur der Tragödie ist durch einen dauernden Wechsel zwischen Verzweiflung und Hoffnung bestimmt. Die anklagenden Worte, die Amphitryon gegen Zeus richtet (V. 339–347), dass er sich in das Bett seiner Frau Alkmene geschlichen und Herakles gezeugt habe, sich aber jetzt nicht mehr um seinen Sohn und dessen Familie kümmere, scheinen durch Herakles' Rückkehr widerlegt. Doch unmittelbar auf die letzten triumphierenden Worte des Chores (V. 809–814), der in Lykos' Ermordung einen Beweis dafür sieht, dass immer noch Götterrecht gelte, folgt der Entsetzensschrei angesichts der Göttererscheinungen (V. 815–821), und die Zeus anklagenden Worte des Chorführers in den Versen 1087f. weisen auf Amphitryons Aufschrei zurück (V. 339ff.).

Die Einheit des Stückes wird durch die Person des Herakles gestiftet, der von Anfang bis Ende den Mittelpunkt der Handlung bildet: zunächst, indem alle Hoffnungen und Gespräche der anderen nur um ihn kreisen, sodann, indem er selbst als Handelnder und Leidender das Geschehen bestimmt. Ähnlich wie in Sophokles' *Trachinierinnen* hängt das Leben aller Beteiligten von Herakles ab. Doch während der sophokleische

Herakles wegen seiner übermenschlichen Größe in seinem Leid der mitfühlenden Teilnahme der Zuschauer entzogen ist, hat Euripides seinem Herakles von Anfang an menschliche Züge verliehen: Als sehnlichst erwarteter Familienvater kehrt der Held zurück, der, erfüllt von zärtlicher Liebe, Frau und Kindern die Abwehr aller Gefahren verspricht. Wie ein Schleppschiff, so verspricht er seinen Kindern, werde er sie in Sicherheit ziehen. Denn dies sei allen Menschen, Fürsten wie Sklaven, gemeinsam: die Liebe zu den eigenen Kindern (V. 622–636).

Indem Euripides Herakles nicht als übermenschlichen Halbgott charakterisiert, sondern als einen Menschen, der in seinen Regungen und Gefühlen jedermann sofort verständlich, ja sympathisch ist, sucht er nicht Distanz schaffende Bewunderung für den tragischen Helden zu erregen, sondern Mitleid. Mit umso größerem Entsetzen reagiert der Zuschauer deshalb auf den plötzlichen, unerwarteten Umschlag (V. 814f.): Hera trieb in ihrem Hass gegen den Sohn von Zeus und Alkmene diesen zu den schier unlösbaren zwölf Aufgaben; nun aber, da er alle Mühen überstanden und sich als größter Wohltäter der Menschheit erwiesen hat, wird er von der Göttin in unvorstellbares Unglück gestoßen. Ja, selbst Lyssa, die Göttin des Wahnsinns, kommt ihrer Aufgabe angesichts dieses Mannes, der mit seinem Glanz und Ruhm Himmel wie Erde erfülle und aller Welt Frieden gebracht habe, nur mit großem Widerwillen nach: Solch ein Mann dürfe nicht bestraft werden (V. 849–854).

Wenn man vom *Herakles* zurück auf den *Hippolytos* blickt, zeigt sich, dass die ›Theologie‹ des Euripides, sein Götter- und Menschenbild, deutlich radikaler geworden ist: Hippolytos stirbt wegen seiner Hybris, der mangelnden Verehrung Aphrodites. Als Aristokrat, der mit Verachtung auf das Volk herabschaut (V. 986ff.), kann er, jedenfalls bis zur Exodos, nicht mit der Sympathie des Publikums rechnen. Die Grausamkeit Aphrodites hat ihren Ursprung im Fehlverhalten eines Menschen und wird trotzdem Vergeltung nach sich ziehen, wie die Drohung der Artemis in der Exodos klarmacht. Nicht so im *Herakles*: Hier entspringt Heras Grausamkeit ihrer Eifersucht, ihrem Streit mit ihrem Gemahl. Die Menschen werden in dieser Auseinandersetzung zu Spielbällen blinder, irrationaler Mächte; sie sind in einen Mechanismus hineingestellt, dessen Sinn sie nicht durchschauen können und aus dem es kein Entrinnen gibt. Die menschlichen Meinungen über das Wesen der Götter stellen sich immer als falsch heraus: so die hoffnungsvollen Worte des Chores (V. 809–814) oder Herakles' an Theseus gerichtetes Argument, dass die Götter nicht von Leidenschaften getrieben würden (V. 1341ff.). Der Ablauf des Stückes gibt Amphitryons verzweifelter Anklage des Zeus Recht (V. 339ff.) und widerlegt Theseus' Erklärung.

Das Einzige, was in dieser grausamen, irrationalen, ja, absurden Welt noch Hoffnung verleihen kann, sind nicht die Götter, sondern die Menschen selbst: Herakles' Größe besteht darin, dass er sich nicht wie der heroische Aias des Sophokles durch Selbstmord der Schande entzieht, sondern unter der Last seiner Taten weiterleben will (V. 1351). Und wie der *Hippolytos* nicht mit Artemis' Ankündigung ihrer Vergeltung endet, sondern mit der Versöhnung zwischen Vater und Sohn, so schließt auch der *Herakles* mit einem Bild der Menschlichkeit: Gestützt auf seinen Freund Theseus, der ihn von den Selbstmordgedanken abhalten konnte und ihm, dem Ausgestoßenen, in Athen Asyl gewährt, verlässt Herakles die Bühne. Siegreich bleiben in einer absurden Welt Freundschaft und Menschlichkeit.

Die Verbürgerlichung der Tragödie: *Elektra*

Die im *Herakles* feststellbare Tendenz, das Heroische in die bürgerliche Lebenswelt zu ziehen, ist in weit höherem Maße in der in zeitlicher Nähe zum *Herakles* entstandenen *Elektra* sichtbar. Wie im *Herakles* greift Euripides auch in diesem

Stück in den Mythos ein. Indem er Elektra im Prolog als Frau eines verarmten, auf dem Land von eigener Arbeit lebenden Adligen einführt, mit dem Aigisthos sie verheiratet hat, um von dem machtlosen Mann und dessen Nachkommen nichts befürchten zu müssen, siedelt er die Handlung seiner Tragödie von Anfang an in der jedem Zuschauer vertrauten Alltagswelt an. Wie jede einfache athenische Frau holt Elektra am Brunnen Wasser (V. 54ff.); wie jede anständige Athenerin des 5. Jahrhunderts will sie sich sofort ins Haus zurückziehen, als sie fremde Männer nahen sieht (V. 215–219), und wird von ihrem Gemahl auch sogleich getadelt, als er sie im Gespräch mit den Fremden, Orest und Pylades, antrifft (V. 341–344); wie jede tüchtige Hausfrau sorgt sie sich um die gehörige Bewirtung der Gäste, die ihr Mann einlädt (V. 404ff.). Das Publikum konnte in dem auf der Bühne Dargestellten seine eigenen Probleme, Sorgen und Wertvorstellungen wiedererkennen.

Doch mit dieser positiven Identifikationshaltung, die der Dichter im ersten Teil der Tragödie (V. 1–595) aufbaut, treibt er im zweiten Abschnitt, der Intrigen- und Rachehandlung (V. 596–1171), sein die Zuschauer verwirrendes Spiel. Er hebt die Opfer des Anschlags, Klytaimestra und Aigisthos, nicht aus dieser Alltagswelt heraus, sondern zeichnet Aigisth als jovialen, vertrauensseligen Gastgeber, der beim Opfer, zu dem er, ohne Böses zu ahnen, seinen Mörder freundlich einlädt, von Orest hinterrücks abgeschlachtet wird (V. 774ff.), und stellt Klytaimestra als eine Frau dar, die längst das Verfehlte ihrer Tat eingesehen hat (V. 1105–1110), die ihrer Tochter resigniert den Hass ihr gegenüber nachsieht, da sie eben nur am Vater hänge (V. 1102–1104), und die sich von Anfang an um ihr Kind besorgt zeigt (V. 1007). Euripides legt besonderes Gewicht darauf, Klytaimestra als Mutter einzuführen, die Elektra als ihr Kind (V. 1057, 1106, 1123) anredet – ganz im Gegensatz zur sophokleischen Klytaimestra, die ihre Tochter barsch als »unverschämtes Geschöpf« (V. 622) anfährt. Indem der Dichter Klytaimestra als eine Frau charakterisiert, die in ihren Regungen verständlich ist, weckt er Mitleid mit ihr. Er unterstreicht dies dadurch, dass in Orest selbst, der kurz zuvor noch zur Rache getrieben hat, plötzlich Zweifel an der Richtigkeit des Vorhabens aufsteigen (V. 962ff.) und die Geschwister nach vollbrachter Tat hilflos zusammenbrechen (V. 1177ff.).

Die Grausamkeit des Muttermordes wird umso deutlicher, als Euripides ganz anders als Aischylos den Fluch der Atriden nur als Randmotiv behandelt (V. 1306f.) und auch Apollons Befehl an Orest in seiner Bedeutung zurückdrängt und ihm den drohenden Charakter nimmt, den er bei Aischylos hat. Treibende Kraft ist der unversöhnliche Hass, den Elektra gegen Aigisth und ihre Mutter hegt – nicht nur wegen der Ermordung des Vaters, sondern auch wegen der unwürdigen Stellung, in der sie leben muss und die sie öffentlich zur Schau trägt, indem sie freiwillig die Arbeit einer einfachen Frau auf sich nimmt.

Die *deus-ex-machina*-Szene, in der Kastor und Polydeukes die verwickelten Fäden entwirren und das Chaos ordnen, das die Menschen durch ihr Handeln hinterlassen haben, weist auf den *Herakles* zurück: Die Kritik der Dioskuren an Apolls törichtem Befehl zum Muttermord (V. 1245f., 1302) zeigt, dass die Menschen in ein Spannungsfeld undurchschaubarer Mächte hineingestellt sind. Auch der delphische Gott ist nicht unfehlbar, sondern sein Auftrag kann ebenso unüberlegt und unklug sein (V. 1245f.) wie menschliches Handeln.

Die Umwertung der Werte und der Verlust der Menschlichkeit: *Die Phönizierinnen – Orestes – Iphigenie in Aulis*

Die Entlarvung heroischer Werte sowie der völlige Verlust der Menschlichkeit sind Leitmotive der *Phönizierinnen* und des *Orestes*. Beide Tragödien stammen aus einer innen- wie außenpolitisch spannungsreichen Zeit. Die verheerende Niederlage des athenischen Heeres auf Sizilien brachte zunächst eine Einschränkung der radikalen Demokratie mit sich, der man die Schuld an der Katastrophe zuschrieb, und dann für eine kurze Zeit im Jahre 411 die Übernahme der Macht durch oligarchische Extremisten. Folgen dieser unruhigen Jahre waren einerseits eine völlige Verunsicherung der Bürger und ein Verlust der bisher gültigen Werte und Normen, da keiner vom anderen wissen konnte, zu welcher Seite er hielt; andererseits war die Krise natürlich der geeignete Nährboden für skrupellose Karriere- und Machtpolitiker wie Phrynichos oder Theramenes, insbesondere für Alkibiades, der wegen seiner Verwicklung in den Hermokopidenfrevel, der Verstümmelung der an den Straßen aufgestellten Statuen des Gottes Hermes, und in die Profanierung der Mysterien von seinem Kommando in Sizilien zurückberufen worden war, sich jedoch unterwegs nach Sparta absetzte, von dort aus besonders dadurch, dass er den Rat zur Einnahme der attischen Grenzfestung Dekeleia gab, Athen nach Kräften schadete und sich schließlich, als ihm in Sparta der Boden zu heiß wurde, an den Hof des persischen Statthalters von Sardeis, Tissaphernes, begab, nach kurzer Zeit von dort aus Verbindung mit den athenischen Oligarchen aufnahm, um sich am Ende doch den Demokraten anzuschließen.

Der Historiker Thukydides gibt in seiner Geschichte des Peloponnesischen Krieges (III 82) eine Analyse dieser Verwilderung der politischen Sitten und Umwertung der geltenden Werte am Beispiel des Bürgerkriegs auf der Insel Kerkyra (Korfu), vor deren Hintergrund man Euripides' *Phönizierinnen* und *Orestes* sowie Sophokles' *Philoktetes* lesen muss:

> So tobten also Parteikämpfe in allen Städten, und die etwa erst später dahin kamen, die spornte die Kunde vom bereits Geschehenen erst recht zum Wettlauf im Erfinden immer der neuesten Art ausgeklügelter Anschläge und unerhörter Rachen. Und den bislang gültigen Gebrauch der Namen für die Dinge vertauschten sie nach ihrer Willkür: unbedachtes Losstürmen galt

nun als Tapferkeit und gute Kameradschaft, aber vordenkendes Zögern als aufgeschmückte Feigheit, Sittlichkeit als Deckmantel einer ängstlichen Natur, Klugsein bei jedem Ding als Schlaffheit zu jeder Tat; tolle Hitze rechnete man zu Mannes Art, aber behutsames Weiterberaten nahm man als ein schönes Wort zur Verbrämung der Abkehr. Wer schalt und eiferte, galt immer für glaubwürdig, wer ihm widersprach, für verdächtig. Tücke gegen andere, wenn erfolgreich, war ein Zeichen der Klugheit, sie zu durchschauen war erst recht groß, wer sich aber selber vorsah, um nichts damit zu tun zu haben, von dem hieß es, er zersetze den Bund und zittere vor den Gegnern. Kurz, bösem Plan mit bösem Tun zuvorzukommen brachte Lob, auch den noch Arglosen aufzustiften. Dann entfremdeten sich die Verwandten über all den Bünden, die so viel rascher bereit waren, ohne Zaudern zuzuschlagen. Denn nicht mit den gültigen Gesetzen waren das Vereine zu gegenseitiger Hilfe, sondern gegen die bestehende Ordnung solche der Raffgier. Untereinander verbürgte ihnen die Treue weniger das göttliche Recht als gemeinsam begangenes Unrecht. Ein edelmütiger Vorschlag von den Gegnern fand Eingang aus zweckmäßiger Vorsicht, wenn diese überlegen waren, und nicht aus schönem Vertrauen. Sich wiederzurächen am andern war mehr wert, als selber verschont geblieben zu sein. Eide, falls noch irgendein Vergleich auf die Art bekräftigt wurde, waren geleistet in der Not, wenn beide sich nicht mehr anders zu helfen wußten, und galten für den Augenblick; wer aber bei günstiger Gelegenheit zuerst wieder Mut faßte, wenn er eine Blöße entdeckte, der nahm seine Rache lieber durch Verrat als in offenem Kampf, einmal zu seiner Sicherheit und dann, weil der ertrogene Triumph ihm noch den Siegespreis der Schlauheit hinzugewann. Denn im allgemeinen heißt der Mensch lieber ein Bösewicht, aber gescheit, als ein Dummkopf, wenn auch anständig; des einen schämt er, mit dem andern brüstet er sich.

Die Ursache von dem allem war die Herrschsucht mit ihrer Habgier und ihrem Ehrgeiz und daraus dann, bei der entbrannten Kampfwut, noch das wilde Ungestüm. (Übersetzung: G.P. Landmann, Zürich – München [2]1976)

In den *Phönizierinnen* greift Euripides, vielleicht angeregt durch eine Wiederaufführung, auf den Stoff von Aischylos' *Sieben gegen Theben* zurück, den Bruderkampf der Oidipus-Söhne Eteokles und Polyneikes um die Macht in Theben. Das Stück des Aischylos vor Augen, lassen sich vier wesentliche Änderungen ausmachen, die für die Interpretation der *Phönizierinnen* von maßgeblicher Bedeutung sind:

Im Gegensatz zu Aischylos ist bei Euripides Eteokles abgewertet; er verteidigt die Stadt nicht aus edlen Motiven, sondern allein deshalb, weil er sich gegen die Abmachung mit seinem Bruder an der Herrschaft halten will. Polyneikes erfährt zunächst eine gewisse Aufwertung, da die Unrechtmäßigkeit von Eteokles' Herrschaftsanspruch deutlich gemacht wird. Doch gerät auch er ins Zwielicht, weil er nur von Machtgier getrieben ist.

Mit dieser von Aischylos sich unterscheidenden Charakterisierung der beiden Brüder und ihrer Ansprüche hängt die zweite auffällige Änderung zusammen: Der Chor wird nicht von Bürgern der durch den Krieg betroffenen Stadt Theben gebildet, sondern von auf der Durchreise befindlichen phönizischen Mädchen, die als unbeteiligte Zuschauer dem Geschehen beiwohnen. Indem somit gegenüber Aischylos' *Sieben* das unmittelbar betroffene Kollektiv ausgeblendet wird, rückt umso mehr der Streit der Brüder in den Mittelpunkt. Neu gegenüber Aischylos' *Sieben* ist auch die Tatsache, dass Iokaste, die im Gegensatz zum sophokleischen *Oidipus* keinen Selbstmord begangen hat, nachdem die furchtbare Wahrheit der Abstammung des Oidipus aufgedeckt worden war, versucht, ihre Söhne miteinander zu versöhnen, und mit diesem Versuch scheitert. Die den Ausgleich beschwörende Stimme wird, ganz der thukydideischen Analyse des Bürgerkriegs auf Korfu entsprechend, in der Eskalation der Gewalt nicht gehört. Als Lichtblick in diesen trostlosen Verwirrungen hat Euripides die Gestalt des Menoikeus erfunden, der trotz des heftigen Widerstands seines Vaters Kreon, der lieber die Stadt als seinen Sohn opfern will, das Gemeinwohl höher als den Eigennutz stellt und für die Rettung der Polis freiwillig in den Tod geht.

Ebenfalls als positiver Charakter ist Antigone, der andere junge Mensch in den *Phönizierinnen*, gezeichnet, die sich vom behüteten Bürgermädchen, als das sie am Anfang der Tragödie eingeführt wird, wie in der sophokleischen *Antigone* zu einer kompromisslosen Persönlichkeit entwickelt. Sie verzichtet auf ihr privates Glück, die Ehe mit Haimon, um den blinden Vater ins Exil zu geleiten, und verkündet, dass sie, der Pflicht der nächsten Angehörigen gehorchend, Polyneikes auf jeden Fall, auch wenn es ihr Leben koste, bestatten werde. So ragen zwei junge Menschen, Menoikeus als Retter der Polis und Antigone als Bewahrerin der familiären und religiösen Pflichten, als positive Gestalten aus der durch Machtgier und Hass in ein wildes Chaos gestürzten Welt heraus.

Dieser Lichtblick, der in den *Phönizierinnen* das Dunkel der Machtpolitik erhellte, fehlt in dem wenige Jahre später entstandenen *Orestes* (408), wenn man von der naiven, gutherzigen Randfigur Hermione, Helenas und Menelaos' Tochter, absieht. Die Handlung des *Orestes* ist die unmittelbare Fortsetzung der *Elektra* und spielt am sechsten Tag nach der Ermordung Klytaimestras durch ihren Sohn Orestes. Die alte Vorstellung, Orestes werde um dieses Mordes willen von den Rachegöttinnen verfolgt, wird von Euripides psychologisch ausgedeutet: Orestes ist unter der quälenden Not seines Gewissens zusammengebrochen (V. 396) und hat in Wahnsinnsanfällen die Halluzination, er werde von den Erinyen verfolgt.

Dem euripideischen *Orestes* wurde in der Literaturkritik von der Antike bis hin zur Gegenwart nicht viel Anerkennung zuteil: Aristoteles tadelt den Dichter in der *Poetik* (c. 15, 1454a29; c. 25, 1461b21 f.), dass er Menelaos' Charakter moralisch schlechter als notwendig gezeichnet habe. Der hellenistische Philologe Aristophanes von Byzanz betont in seiner

Einleitung zum *Orestes*, dass das Ende der Tragödie eher zu einer Komödie passe, und lehnt in der Nachfolge von Aristoteles die Charaktere mit Ausnahme des Pylades als moralisch minderwertig ab, hebt jedoch die Bühnenwirksamkeit des Stücks hervor. A.W. Schlegel schließlich bezeichnet in seinen *Vorlesungen über dramatische Kunst und Literatur* (1809–11) das Drama als »Spektakelstück«.

Die Lage der Geschwister zu Beginn des Stücks entspricht der in der *Elektra* vor dem Erscheinen der Dioskuren (V. 1177ff.). Angesichts des vom Wahnsinn gepeinigten Bruders (V. 37) klagt Elektra Apollon an, der Orest durch seinen Orakelspruch zum Mord an der Mutter getrieben hat (V. 28–32). Zur inneren Belastung, zur Reue und den Gewissensbissen, ist inzwischen ein äußerer Druck getreten: die drohende Verurteilung durch die argivische Bürgerschaft (V. 46ff.). Die Geschwister richten nunmehr ihre ganze Hoffnung auf ihren Onkel, den von langer Irrfahrt aus Troja zurückkehrenden Menelaos. Doch dieser lässt aus eigennützigen Erwägungen Orest und Elektra im Stich. Aus der tiefen Verzweiflung, in die sie das schnöde Verhalten des Onkels stürzt, richtet sie Pylades auf (V. 729ff.), der in höchster Not im rechten Moment erscheint. Er rät Orest, sich vor der argivischen Volksversammlung zu rechtfertigen, um so die drohende Verurteilung abzuwenden. Als auch dieser Versuch scheitert (V. 844ff.), schlägt er vor, wenigstens einen ehrenvollen Tod zu suchen und dem verhassten Menelaos durch die Ermordung seiner Gattin Helena Leid zuzufügen (V. 1105). Da kommt Elektra der rettende Einfall, Menelaos' Tochter Hermione als Geisel zu nehmen und sich dadurch die Freiheit zu erpressen (V. 1177ff.). Dadurch, dass Pylades und Orest die Ermordung eines unschuldigen, vertrauensseligen und gutherzigen Mädchens, zu der sie von Elektra angestachelt werden, als gottgefällige Tat betrachten (V. 1240–1245), wird ihr ›Heldentum‹ entlarvt. Die Sympathie, die der Zuschauer ihnen bisher entgegenbrachte, schlägt in Abneigung, gar in Entsetzen um.

Der Mordanschlag misslingt, da Helena durch göttliche Einwirkung entrückt wird, die Geiselnahme jedoch verläuft erfolgreich. Orest erscheint auf dem Dach des Palastes und droht Menelaos mit der Ermordung der Tochter. Seit dem ersten Zusammentreffen der beiden (V. 380ff.) hat sich die Situation grundlegend verändert: Nun ist Orest der Überlegene, der Drohende, Menelaos der Schwächere, der einsieht, dass er unterlegen ist (V. 1617). Und trotz dieses Eingeständnisses gibt Orest seiner Schwester den Befehl, den Palast in Brand zu setzen, eine Inkonsequenz, an der sich die philologische Diskussion entzündete. An diesem Punkt höchster Spannung erscheint Apollon als *deus ex machina*, um die verworrene Lage zu ordnen (V. 1625ff.), und verheiratet kurzerhand Pylades mit Elektra und Orest mit Hermione, die eben noch von ihm mit dem Tod bedroht wurde.

Dieser Schluss, vor allem aber auch die Charakterisierung und Motivierung der handelnden Personen, die so oft auf die Kritik der Interpreten gestoßen sind, werden erst vollauf verständlich, wenn man sie vor dem Hintergrund der politischen und gesellschaftlichen Verhältnisse dieser Jahre und besonders vor der Folie von Thukydides' Analyse sieht. Orest, Pylades und Elektra bilden, wie es damals im politischen Kampf üblich war, einen Geheimbund, den sie selbst mit dem aktuellen Schlagwort ›Hetairía‹ (V. 804, 1072, 1079) bezeichnen. Sie schrecken bei der Durchsetzung ihrer Pläne vor nichts zurück, selbst nicht vor der Ermordung wehrloser, unschuldiger Menschen, und scheuen sich nicht, den geplanten Meuchelmord als heroische Tat auszugeben. Ihr Gegner ist der machtgierige und verschlagene Menelaos, der nur seinen eigenen Vorteil im Auge hat. Er erweist sich als Schüler der Sophisten, der einen genauen Blick für das jeweils Machbare besitzt. Tyndareos, Helenas Vater, vertritt die Partei des am Alten festhaltenden Adels; charakteristisch an seinem Verhalten ist die Verbindung mit dem Pöbel in der Volksversammlung, in der das Volk zusammenströmt, um sich zu unterhalten, um glänzende, wohlklingende Reden, nicht vernünftige Argumente zu hören.

Die Charaktere des dramatischen Spiels sind Spiegelbilder der Realität des alltäglichen Lebens, das in diesen Jahren nicht mehr mit vernünftigen Maßstäben gemessen werden konnte. Die düstere Weltsicht des *Orestes* entspricht der des ein Jahr zuvor aufgeführten *Philoktetes* des Sophokles: Lässt man die jeweilige Götterepiphanie am Ende der beiden Stücke beiseite, endet das menschliche Handeln im Chaos, bei Sophokles aufgrund der mangelnden Einsicht der Menschen, bei Euripides aufgrund von Hass, Gewalt und Brutalität. Obwohl Orest Menelaos in die Knie gezwungen hat, gibt er den unverständlichen Befehl, Feuer zu legen; denn, so schreibt Thukydides, »sich wiederzurächen am andern war mehr wert, als selber verschont geblieben zu sein«.

Indem Euripides die dramatische Handlung durch Apolls Erscheinen gewaltsam in die vom Mythos vorgegebene Bahn zurücklenkt, macht er durch den Bruch, den die Göttererscheinung im dramatischen Geschehen bewirkt, den Zuschauern klar, dass solch ein glücklicher Ausgang nur im Spiel, nur im Theater möglich ist, nicht aber im alltäglichen Leben, in dem, wie sein Zeitgenosse Thukydides in seiner Analyse der politischen Sitten schreibt, Herrschsucht, Habgier, Ehrgeiz und wildes, unbedachtes Losstürmen regierten.

In der postum aufgeführten *Iphigenie in Aulis* stellt Euripides noch einmal wie in den *Phönizierinnen* den Opfertod eines jungen Menschen in das Zentrum einer Tragödie: Agamemnons Tochter Iphigenie geht für das Wohl aller Griechen freiwillig in den Tod und lässt durch ihre Tat, durch ihren Entschluss, wie Polyxena in der *Hekabe* (vgl. S. 142) das Unausweichliche zu akzeptieren, ja, es sich sogar zu eigen zu machen, das traditionelle männliche ›Heldentum‹ umso brüchiger und fragwürdiger erscheinen. Euripides dramatisiert in diesem Stück die der Ausfahrt der griechischen Flotte vorangehenden Ereignisse, die in der Párodos von Aischylos' *Agamemnon* in chorlyrischer Manier berichtet werden: die Opferung Iphigenies durch die Hand des Vaters, um den Zorn der Göttin Artemis zu besänftigen und die Ausfahrt der Flotte nach Troja zu ermöglichen. Um seine Tochter in das Heerlager zu locken, spiegelt ihr Agamemnon in einem Brief die Heirat mit Achill ohne Wissen des jungen Helden vor. Von Reue gepackt, widerruft er in einem zweiten Brief den Inhalt des ersten. Wutentbrannt stellt Menelaos, der den zweiten Brief abgefangen hat, seinen Bruder zur Rede (V. 303ff.). Der Streit wird durch die Nachricht von Iphigenies Ankunft unterbrochen (V. 414ff.). Nun quälen Menelaos Gewissensbisse, doch Agamemnon sieht das Opfer als unumgänglich an. Die Hochzeitsvorbereitungen, die Klytaimestra in der Hand hat (V. 607ff.), werden jäh durch Achill gestört, der die Hochzeit als Lüge aufdeckt (V. 801ff.). Gewissheit schafft der alte Diener, der den zweiten Brief übergeben sollte (V. 855ff.). Empört über Agamemnons Hinterlist sagt Achill Klytaimestra seine Hilfe zu. Agamemnon, der seine Tochter angeblich zu dem die Hochzeit einleitenden Opfer abholen will (V. 1098ff.), bleibt, mit der Wahrheit konfrontiert, unerbittlich. Achill erscheint mit einer Schar Bewaffneter, um Iphigenie vor dem Vater zu schützen. Doch Iphigenie hat ihr Schicksal akzeptiert. Sie will erhobenen Hauptes zum Wohl der Griechen in den Tod gehen und nicht Achill Unglück bringen (V. 1368ff.).

Im Kampf um Macht und Ansehen unterliegt – auch dies ganz und gar der Analyse des Thukydides entsprechend – selbst die Liebe des Vaters zu seiner Tochter; sie wird zu einer ›Ware‹, die er gegen seinen Erfolg eintauscht.

Die Folgen des Krieges: *Hekabe – Troerinnen – Andromache*

Konnte man besonders vor dem Hintergrund von Thukydides' Analyse (s.o. S. 134) die *Phönizierinnen* und den *Orestes* als zwei Tragödien auffassen, in denen die heillose Gegenwart, der Streit und die politische Intrige, die in den Jahren nach dem Fehlschlag der Sizilischen Expedition das Leben in der Polis beherrschten, im Bild des Mythos auf der Bühne ihre Deutung erfährt, liegen mit der *Hekabe* und *Andromache*, vor allem jedoch mit den *Troerinnen* drei Stücke vor, in denen die Folgen des Krieges verarbeitet werden. In den Dramen – *Andromache* und *Hekabe* gelangten während des Archidamischen Krieges (431–421), die *Troerinnen* am Vorabend der Sizilischen Expedition im Jahre 415 zur Aufführung – haben sicherlich die leidvollen Erfahrungen der Jahre des Peloponnesischen Krieges ihren Niederschlag gefunden; doch es ist müßig, in den Stücken, wie man es besonders bei den *Troerinnen* versucht hat, Anspielungen auf bestimmte historische Ereignisse oder gar auf bestimmte Politiker zu suchen. Wie im Falle des *Orestes* oder der *Phönizierinnen* fängt der Dichter Stimmungen, Sorgen, Ängste und menschliche Verhaltensweisen, die das Ergebnis der politischen Situation waren, im Spiegel seiner Tragödien ein und verleiht ihnen durch die Darstellung in mythischen Zusammenhängen Allgemeingültigkeit.

Wie schon Aischylos in den *Persern* führt Euripides die Folgen einer verheerenden Niederlage aus der Sicht der Unterlegenen vor. In der *Hekabe* und den *Troerinnen* stellt er das Los der trojanischen Königin und ihrer Familie in das Zentrum seiner Dichtungen. Hekabe hat ihren Mann Priamos, ihre Söhne und Töchter verloren; aus der Höhe fürstlicher Macht stürzt sie in die Erniedrigung der Sklaverei. Der grausame Sieger entreißt den Unterlegenen die allerletzte Hoffnung. In der *Hekabe* wird gezeigt, wie Priamos' Gattin zuerst ihre Tochter Polyxena für das Opfer am Grabe des Achilleus hingeben muss und dann vom Tod ihres jüngsten Sohnes Polydoros erfährt, den der Thrakerkönig Polymestor, zu dem sie den Prinzen während des Krieges in Sicherheit gebracht hatte, aus reiner Geldgier umgebracht hat, in den *Troerinnen*, wie Hektors kleiner Sohn Astyanax, die letzte Hoffnung der Trojaner

(V. 702ff.), aus den Armen seiner Mutter Andromache gerissen und von einem Turm geschleudert wird, da die Griechen Hektors Nachkommen als künftige Gefahr ansehen (V. 709ff.).

Doch in den beiden Tragödien gelangt nicht nur das Leid der Verlierer zur Darstellung, sondern es wird gleichzeitig angedeutet oder auch auf der Bühne vorgeführt, dass auch der im Augenblick Triumphierende, da er sich in seinem Sieg zu Taten der Hybris hinreißen ließ, am Rand des Abgrunds steht: Auf Odysseus, der als Gesandter des griechischen Heeres unerbittlich seinem Auftrag nachkommt, Polyxena zur Opferstätte zu führen (*Hekabe*, V. 218ff.), wartet eine zehnjährige Irrfahrt; Polymestor wird, von Hekabe an seiner Geldgier gepackt, in ein trojanisches Zelt gelockt, wo von der alten Frau seine Söhne ermordet werden und er geblendet wird. Als Motto der *Troerinnen* können die letzten Worte des Prologs gelten, die der Gott Poseidon mit dem Blick auf die zerstörte Stadt spricht (V. 95–97):

> Törichter Mensch, der Städte zerstört,
> Und Tempel und Gräber, der Toten Heiligtümer,
> Verwüstet und dann selber untergeht.

Die Griechen haben sich, um ihren Sieg zu erringen, zu Taten verstiegen, die die Götter in ihrem Recht und ihrer Ehre antasteten und deshalb, wie Poseidon und Athena im Prolog der *Troerinnen* feststellen, ihre Strafe nach sich ziehen werden. Die Hybris der Sieger, die als Leitthema das Stück vom Prolog bis zur Exodos durchzieht, richtet sie selbst. Letzten Endes scheidet der Krieg die Menschen nicht in Sieger und Besiegte, in Triumphierende und Gedemütigte, sondern bringt über alle gleichermaßen Leid und Tod. »Daß der Mensch leiden muß, ist der unsinnigste Unsinn der unsinnigen Welt«, schreibt Franz Werfel 1915 in der Vorbemerkung zu seiner Übersetzung der *Troerinnen*.

Die Folgen des Krieges stehen auch in der *Andromache* im Mittelpunkt. Hermione, die Tochter des Menelaos und der

Helena und Frau von Achills Sohn Neoptolemos, beschuldigt während der Abwesenheit ihres Mannes seine Konkubine, Hektors Frau Andromache, der Hexerei. Ihre Intrige, in der sie Menelaos unterstützt, hätte beinahe Erfolg und würde Andromache und ihren Sohn das Leben kosten, wenn nicht im letzten Moment Neoptolemos' Großvater Peleus zum Schutze Andromaches eingreifen würde. Bloßgestellt denkt Hermione an Selbstmord, wenn nicht – wieder im letzten Moment – Orest, dem Hermione einst versprochen war (vgl. Euripides, *Orestes*), eintreffen würde. Sie flieht mit ihm (V. 802–1008). Doch auch nach dieser zweiten Konfliktbeseitigung lässt der Dichter das Stück nicht zum Ende kommen: Ein Bote meldet, Orest habe Neoptolemos in Delphi erschlagen. Den völlig verzweifelten Peleus richtet als *dea ex machina* Thetis, seine ehemalige Geliebte und die Mutter Achills, auf: Sie verspricht ihm die Unsterblichkeit und heißt Andromache ins Molosserland umzusiedeln, wo sie die Stammmutter des Königsgeschlechts werden wird. Der Krieg lässt auch die Söhne der Trojakämpfer nicht zur Ruhe kommen; wie ihre Väter finden sie den Tod in einem von Hass geleiteten Intrigen- und Machtspiel.

Das Lob Athens: *Die Schutzflehenden* (*Hiketiden*) – *Die Kinder des Herakles* (*Herakliden*)

Der Stärkung des Selbst- und Zusammengehörigkeitsgefühls des athenischen Demos, zu der die das Fest der Großen Dionysien umrahmenden symbolischen Handlungen einen nicht unwesentlichen Beitrag leisteten, dienten auch gewisse Dramen, insbesondere die, in denen der Lobpreis Athens im Mittelpunkt stand. In Platons Dialog *Menexenos* (235 a–b) beschreibt Sokrates die Wirkung, die derartige Lobreden auf den Zuhörer ausüben – hier handelt es sich um die Totenrede (›Epitaphios‹), die alljährlich anlässlich der Feier zu Ehren der Gefallenen vorgetragen wurde:

In der Tat, Menexenos, ist es offenbar doch ganz schön, im Krieg zu sterben. Denn dann wird einem eine schönes und großartiges Begräbnis zuteil, auch wenn man als armer Mann gestorben ist, und man erhält eine Lobrede, auch wenn man keine Verdienste hat, und zwar von klugen Männern, die ihr Lob nicht aufs Geratewohl sprechen, sondern ihre Rede lang vorbereitet haben und die so schön zu loben verstehen, dass sie über jeden sagen, was ihm zukommt und was nicht, und die dabei ihre Rede mit so schönen Ausdrücken ausschmücken, dass sie unsere Seelen ganz bezaubern; und auch die Stadt verherrlichen sie auf jede Weise und preisen sowohl die im Krieg Gefallenen als auch alle unsere Vorfahren von früher und sogar uns, die wir heute leben, so dass ich mich, Menexenos, ganz edel fühle, wenn sie mich so loben. Und jedes Mal stehe ich dann da, bezaubert lauschend, und bilde mir ein, ich sei auf einmal größer und edler und schöner geworden. Und meistens folgen mir einige Fremde und hören mit zu. In ihren Augen gewinne ich dann sofort an Ansehen und Würde. Denn ich glaube, dass sie mir gegenüber dasselbe erfahren wie mit der ganzen Stadt, dass sie nämlich diese unter dem Eindruck der Rede für bewundernswerter halten als vorher. Und diese Würde behalte ich mehr als drei Tage lang; so wohlklingend wie Flötenmusik dringt die Rede und Stimme vom Redner in meine Ohren ein, dass ich mir mit Mühe erst am vierten oder fünften Tag meiner wieder bewusst werde und bemerke, wo auf Erden ich mich befinde. Bis dahin meine ich fast, auf den Inseln der Seligen zu wohnen. So gut sind unsere Redner!

Von Euripides' Tragödien kann man die *Hiketiden* und die *Herakliden* als dramatisierte Lobpreisungen (›Enkomien‹) Athens bezeichnen, bei deren Ausgestaltung der Dichter sich der Topoi der Totenreden bedient hat. In beiden Stücken wird Athen als Verteidiger der Schwachen gepriesen: In den *Hiketiden*, deren Handlung an Aischylos' *Sieben gegen Theben* anschließt, setzt es, vertreten durch Theseus, das Recht der Mütter durch, ihre im Kampf gefallenen Söhne zu begraben; in den *Herakliden* finden die von Eurystheus verfolgten Söhne des Herakles in Athen Zuflucht.

In beiden Tragödien verwendet Euripides den Typus des ›Hikesiedramas‹, der auch in Aischylos' *Hiketiden* und Sophokles' *Oidipus auf Kolonos* vorliegt: Schwache, auf Schutz angewiesene Menschen finden ihren Retter in Athen, das durch seinen König, Theseus oder Demophon, vertreten wird, der nicht wie ein Monarch oder Tyrann, sondern eher wie ein demokratisch gewählter Beamter agiert. Der Angriff der Verfolger wird abgeschlagen, Athen hat sich als sicherer Zufluchtsort erwiesen und wird dafür in Dankeshymnen ausgiebig gepriesen.

Während in den *Hiketiden* und den *Herakliden* das Lob Athens im Mittelpunkt steht, finden sich in vielen anderen Stücken enkomiastische Einschübe. Erinnert sei nur an Theseus im *Herakles*, der den Leidenden in Athen aufnimmt, oder an den Wunsch der gefangenen Troerinnen, nicht in Sparta, sondern in dem ›herrlichen Athen‹ das Los der Sklaverei ertragen zu müssen. Wie die Stelle aus den *Troerinnen* (V. 206ff.) zeigt, geht während des Peloponnesischen Krieges Hand in Hand mit dem Preis Athens eine Abwertung Spartas.

Tragikomische Gratwanderungen: *Iphigenie bei den Taurern – Ion – Helena*

Neben die von einer düsteren Weltsicht bestimmten Dramen des Spätwerks tritt eine Gruppe von Stücken, die, obwohl sie in denselben Jahren entstanden sind, aufgrund ihrer Handlungsführung und des Experimentierens mit den traditionellen Bausteinen und Szenentypen der Tragödie, aufgrund des Ausnutzens von Überraschungseffekten und der ironischen Färbung, eine eher spielerische Deutung des Mythos, des Verhältnisses Gott – Mensch und der Menschen untereinander, aufweisen. Die Dramen sind, um eine Metapher des vorsokratischen Philosophen Heraklit (Fr. B 51 Diels – Kranz) auf sie anzuwenden, von einer *palintonos harmoniē*, einer ›gegenläufigen Spannung‹ zwischen heiteren, spielerischen Elementen und einem ernsten Grundtenor geprägt. Paradigmatisch wird im Bild des Mythos dargestellt, wie das Leben der Menschen unwägbaren Zufällen oder dem Eingreifen höherer Mächte unterworfen ist, wie die Menschen wegen ihrer beschränkten intellektuellen Einsicht, ihrer Kurzsichtigkeit und ihres unüberlegten Handelns imstande wären, göttliche Pläne zu durchkreuzen – man denke an den in derselben Zeit entstandenen *Philoktetes* des Sophokles – und wie auf der anderen Seite den Göttern die Einsicht in die Empfindungen, Gedanken und Handlungsmotive der menschlichen Individuen fehlt.

Auffallend ist, dass den entsprechenden Stücken ein exotischer Anstrich gegeben wurde. In der *Iphigenie* spielt sich das Geschehen im fernen, barbarischen Land der Taurer ab, in der *Helena* in Ägypten. Das Spiel, das der Dichter in diesen drei Dramen mit dem Szenentyp der ›Anagnórisis‹, der ›Wiedererkennung‹, treibt, ermöglicht ihm ein ständiges Ausnützen aller Möglichkeiten der dramatischen Ironie, da der Zuschauer im Prolog über die wahre Identität der Personen und den Fortgang der Handlung in Kenntnis gesetzt wurde und nun amüsiert, gespannt oder auch beunruhigt dem Geschehen folgen kann.

Dies wird besonders deutlich in der *Iphigenie bei den Taurern*, in der Euripides auf die Vorgeschichte des Trojanischen Krieges, wie sie in der Párodos des aischyleischen *Agamemnon* vom Chor erzählt wird, und auf die *Eumeniden* des Aischylos zurückgreift, allerdings mit einer Änderung des Mythos im Vergleich zu dem die *Orestie* abschließenden Stück: Nach Euripides lässt sich nur ein Teil der Rachegeister von Athena beschwichtigen, die anderen fahren fort, Orest wegen des Muttermordes zu verfolgen und zu peinigen. Um seinen Schützling endlich zur Ruhe kommen zu lassen, heißt ihn Apollon in einem Orakelspruch, das Kultbild der Artemis aus dem Land der Taurer vom Schwarzen Meer nach Athen zu bringen. Orest und der ihn begleitende Pylades werden jedoch von Hirten gefangengenommen und der Priesterin der Artemis vorgeführt. Es ist Orests Schwester Iphigenie, die damals in Aulis von ihrem Vater Agamemnon nicht wirklich geopfert, sondern von Artemis auf die Krim zum skythischen Volk der Taurer entrückt worden war, wo sie als Priesterin der ihr von König Thoas übertragenen, barbarischen Aufgabe nachkommen muss, alle Fremden, die das Land betreten, vor dem hölzernen, vom Himmel gefallenen Götterbild der Artemis zu opfern. Mit der Überführung der Kultstatue aus dem Taurerland nach Attika erklärt Euripides die Entstehung des Kultes der Artemis ›Tauropolos‹ in Halai an der Ostküste Attikas, indem er den dunklen Beinamen der Artemis mit den Taurern in Verbindung bringt. Wie häufig in der Tragödie des 5. Jahrhunderts gehen tragisches Spiel und Aitiologie, ›Ursachenerklärung‹, eine enge Verbindung ein.

Im Zusammentreffen von Iphigenie mit den beiden Fremden, die sie der Göttin zum Opfer bringen muss, treibt Euripides die ›Wiedererkennung‹ auf die Spitze (V. 467ff.): Jeden Augenblick können sich die Geschwister, Orest und Iphigenie, gegenseitig erkennen, ein Wort würde schon genügen. Doch da dieses erlösende Wort nicht ausgesprochen wird, rückt ständig die Katastrophe näher, der Tod Orests durch die Hand der Schwester, bis im letzten Augenblick die überraschende Wendung herbeigeführt wird. Da Iphigenie erfahren hat, dass die Gefangenen Griechen aus ihrer Heimat sind, will sie einen von ihnen – Orest besteht darauf, dass dies Pylades ist – verschonen und mit einem Brief nach Mykene schicken. Doch weil sie von der Angst gepackt wird, der Brief könne durch ein Unglück verloren gehen, liest sie Pylades den Inhalt vor, damit er ihn notfalls mündlich übermitteln könne, und der kann den Brief dem neben ihm stehenden Adressaten sofort in die Hand drücken (V. 769–793). Nun nimmt Pylades die Initiative in die Hand: Er unterbricht die Wiedersehensfreude (V. 902ff.); es sei vordringlich, ihre Rettung zu planen. Wie häufig im Spätwerk des Euripides folgt also die Intrige unmittelbar auf die Anagnórisis. Iphigenie will – so der Plan – König Thoas gegenüber vorgeben, dass die Fremden das Bild der Artemis entweiht hätten, so dass es im Meer entsühnt werden müsse. Diese Gelegenheit sollten sie zur Flucht nutzen. Der Chor, von Iphigenie zur Geheimhaltung verpflichtet, sehnt sich ebenfalls in die Heimat zurück (V. 1089ff.).

Die Intrige gelingt: Thoas lässt Orest und Pylades samt dem Artemisbild ans Meer führen (V. 1153ff.). Der Chor stimmt einen Hymnus auf Apollon an (V. 1234ff.). Da eilt ein Bote herbei, um dem König die Flucht der Priesterin und der Griechen zu melden (V. 1284ff.). Da jedoch die Brandung das Schiff zurücktreibe, sollten unverzüglich Maßnahmen getroffen werden, um die Flüchtenden gefangenzunehmen. Den Vorbereitungen, die Thoas anordnet, gebietet die Göttin Athena, die plötzlich als *dea ex machina* erscheint, Einhalt (V. 1435ff.). Sie ordnet an, dass Orest das Bild der Artemis nach Attika bringt und den Kult der Artemis Tauropolos stiftet. Iphigenie soll Artemis im attischen Brauron als Priesterin dienen, unterstützt von den gefangenen Griechinnen, die Thoas freilassen müsse.

Den größten Einfluss auf die Entwicklung des europäischen Dramas übte aus dieser Dreiergruppe der in derselben Zeit wie *Iphigenie bei den Taurern* und *Helena* entstandene *Ion* aus. Die Vorgeschichte und der Handlungsverlauf werden von dem Götterboten Hermes im Prolog ausgeführt (V. 1–81): Apollon, sein göttlicher Bruder, habe mit der athenischen Königstochter Krëusa gegen ihren Willen ein Kind gezeugt. Aus Furcht vor ihrem Vater Erechtheus habe sie ihre Schwangerschaft geheimgehalten und den Sohn sofort nach der Geburt in eben der Höhle ausgesetzt, in der Apollon ihr beigewohnt habe. Neben das todgeweihte Kind habe sie gleichsam als Grabbeigabe in einem Kästchen den alten Schmuck der Erechthiden, zwei goldgewirkte Schlangen, sowie ein Kleidchen gelegt. Doch Apollon habe nicht zugelassen, dass sein Sohn auf diese elende Art umkomme, sondern ihm, seinem

Bruder Hermes, den Auftrag gegeben, den Kleinen nach Delphi zu bringen und vor das Tor des Apollontempels zu legen. Die Pythia, die wahrsagende Priesterin des Apollonheiligtums, habe das ausgesetzte Kind gefunden und aufgezogen, ohne über seine Herkunft Bescheid zu wissen. Der heranwachsende Knabe sei von den Delphern zum Tempeldiener gewählt worden, und der Junge komme dem Amt mit Freuden nach. In Athen sei unterdessen Krëusa mit Xuthos verheiratet worden, einem Achaier, der Athen in schwerer Kriegsnot zu Hilfe gekommen sei. Doch die Ehe sei bisher ohne Nachkommen geblieben; deshalb habe sich das Ehepaar aufgemacht, um das delphische Orakel um Rat zu fragen.

Nach der ausführlichen Darlegung der Vorgeschichte führt Hermes den Zuschauer in die aktuelle Handlung des Stücks ein (V. 67–75): Xuthos werde den Seherspruch erhalten, dass Ion sein eigener Sohn sei. Und so werde Apollons Sohn ins Haus der Mutter zurückkehren, ohne dass Apollons Vaterschaft ans Licht kommen werde. Als Stammvater der Ioner werde ihn der Gott in ganz Griechenland berühmt machen.

Die Handlung verläuft zunächst ganz in Apollons Sinne: Xuthos erhält das Orakel, dass der Erste, auf den er nach Verlassen des Tempels treffen werde, sein Sohn sei. Er trifft auf Ion und begrüßt ihn überschwänglich (V. 517ff.). Ion meint zuerst, ein Verrückter wolle ihn mit homoerotischen Anträgen belästigen, und will sich zur Wehr setzen, bis Xuthos ihm von Apolls Orakel berichtet. Ohne große Begeisterung schließt er den Vater, dem Spruch des Gottes gehorchend, in seine Arme. Bis zu diesem Punkt scheint Apollons List aufzugehen. Xuthos will Ion allerdings erst in Athen seiner Gattin als seinen Sohn vorstellen, die mit dieser Erlösung von der Kinderlosigkeit – so seine naive Erwartung – sicher auch einverstanden sei.

Doch nun gibt Euripides der Handlung durch einen unerhörten Eingriff in die Konventionen des attischen Theaters eine überraschende Wendung: Die athenischen Mädchen, die Krëusa begleiten (der Chor), behalten die Neuigkeiten, die sie gehört haben, nicht für sich, wie es der Konvention entspräche, sondern teilen sie ihrer Herrin mit (V. 760–762, 774f.). Diese wiederum, durch das Verhalten des Xuthos aufs Höchste gekränkt, leiht den Einflüsterungen ihres alten ergebenen Dieners ihr Ohr und lässt sich dazu bereden, Ion bei dem Fest, das Xuthos für den glücklich gefundenen Sohn veranstaltet, vergiften zu lassen. Der Anschlag misslingt: Durch einen Zufall – oder, wie der Zuschauer vermuten kann, durch Apollons Eingreifen – nippen Tauben an dem verschütteten, vergifteten Wein und kommen elend um (V. 1122ff.). Und schon erscheint Ion mit Gefolge, um die Drahtzieherin des Attentats zu stellen. Nur die Pythia, die zwischen Ion und Krëusa tritt, verhindert Schlimmes und leitet die Anagnórisis von Mutter und Sohn ein (V. 1320ff.): Sie überreicht ihrem Zögling das Kästchen, das die Mutter neben das ausgesetzte Kind gelegt hatte. Krëusa erkennt es sofort, beschreibt Ion den Inhalt, den Schmuck und das Kleidchen, und Sohn und Mutter können sich in die Arme schließen. Doch er will sich von seiner Mutter nicht von Apolls Vaterschaft überzeugen lassen und macht sich auf, das Orakel zu befragen. Da erscheint als *dea ex machina* Athena und klärt den Jüngling über seine Herkunft auf; Xuthos solle man im süßen Wahn seiner Vaterschaft belassen (V. 1553ff.). So hat Apollon letzten Endes, wie Athena verkündet, doch nur Gutes gewirkt und alles zum vorbestimmten Ende geführt.

Die Gestalt Apollons, des delphischen Gottes der Wahrsagung, die hinter dem ganzen Geschehen steht, hat Anlass zu konträren Deutungen gegeben: Will Euripides im *Ion* einen charakterlosen Gott zeichnen und das Verhalten Apollons verurteilen, oder entwirft er das Bild einer Gottheit, die nach vielen Irrungen und Wirrungen am Ende doch alles zum Guten fügt? Apollon hat von Anfang an, wie Hermes im Prolog erzählt, für Ion gesorgt. Es kann ihn deshalb nicht der Vorwurf mangelnder Fürsorge treffen, den z.B. Amphitryon im *Herakles* (V. 339ff.) Zeus entgegenschleudert. Apollons Plan wäre wunderbar aufgegangen, wenn sich nicht Menschen eingemischt und eine Kette von Reaktionen ausgelöst hätten, die der Gott nicht vorhergesehen hatte. So steht hinter dem glücklichen Ausgang doch eine bittere Wahrheit: Die Menschen bringen durch ihre Handlungen göttliche Pläne durcheinander, ja, beinahe an den Rand des Scheiterns; die Götter auf der anderen Seite, selbst wenn sie für Wahrsagung und Prophezeiungen zuständig sind, können (oder wollen) Menschen in ihren vielfältigen Empfindungen und unkalkulierbaren Reaktionen nicht verstehen. So fehlt am Ende nicht mehr viel dazu, und es würde so scheinen, als würden göttliches Planen und menschliches Handeln vom Zufall, von der Tyche (vgl. V. 1512f.), regiert. Im *Ion* wendet der Dichter die drohende Katastrophe, Krëusas Mordanschlag auf Ion und Ions Rache, jeweils ab, doch die bittere Wahrheit, die Ferne zwischen Gott und Mensch, bleibt bestehen.

Das Bild der Götter, das Euripides im *Ion* entwirft, ist demnach zu vielschichtig, als dass man es mit der bloßen Alternative ›kritisch‹ oder ›fromm‹ begreifen könnte. Der Zuschauer, der eine eher naive Religiosität besitzt und am althergebrachten Götterverständnis hängt, wird im glücklichen Ausgang der Handlung und in Athenas klärenden Worten die Bestätigung seiner religiösen Haltung finden. Wer dagegen einer aufgeklärten Religiosität anhängt, kann über die ironischen Töne schmunzeln. Das Erscheinen der Stadtgöttin Athena in der Exodos und der Rückblick auf Athens Urgeschichte sprechen dagegen jeden Athener in gleicher Weise an.

Die Schlüsselstellung, die der *Ion* in der Entwicklung des europäischen Dramas, besonders des Lustspiels, einnimmt, wird deutlich, wenn man die Motive betrachtet, die den Ablauf des Stücks bestimmen: das ausgesetzte Kind, das, ohne über seine Herkunft Bescheid zu wissen, ein selbstgenügsames Leben in einer sozial unangemessenen Stellung führt, die erste falsche Wiedererkennung (Xuthos – Ion), die als Gegenhandlung eine Intrige vonseiten der Mutter in Gang setzt, da sie sich von ihrem Gatten betrogen fühlt, der verschlagene

Diener, der sich als willfähriger Handlanger des Anschlags anbietet, die Rettung des Opfers durch einen Zufall, der Racheversuch des Geretteten und das Vermeiden der zweiten Katastrophe durch die richtige Wiedererkennung von Mutter und Sohn mit Hilfe von Erkennungszeichen (›Gnorismata‹), schließlich der getäuschte Ehegatte, der von all den Verwicklungen nichts mitbekommen hat und nach göttlichem Ratschluss in dieser ihn glücklich machenden Ahnungslosigkeit verbleiben soll: Diese Typen und Handlungselemente bestimmen die Handlung der Stücke der griechischen Neuen Komödie des Hellenismus und über die Vermittlung der römischen Komödiendichter Plautus (ca. 250–184 v. Chr.) und Terenz (ca. 195/185–159 v. Chr.) die Komödie bis in die Gegenwart.

Die 412 aufgeführte *Helena* weist dieselbe Spannung zwischen heiterem Spiel und Ernst, zwischen Sein und Schein auf und ist wie *Iphigenie bei den Taurern* und *Ion* nach der Handlungsabfolge ›Wiedererkennung‹ und ›Intrige‹ gestaltet. Euripides legte seiner Tragödie eine auf den Dichter Stesichoros (7./6. Jh. v. Chr.) zurückgehende Fassung des Mythos zugrunde, in der die geschmähte Ehebrecherin von aller Schuld reingewaschen wird. Stesichoros – so die Sage – soll, als er, der traditionellen Fassung des Mythos folgend, ein Gedicht verfasste, in dem Helena dem trojanischen Prinzen Paris freiwillig nach Troja folgte, mit Blindheit geschlagen worden sein. So schrieb er eine Palinodie, einen ›Widerruf‹: Paris habe Helena gewaltsam geraubt und sei mit ihr nur bis nach Ägypten gelangt. Dort habe der gerechte König Proteus die Entführte für ihren Gemahl in Gewahrsam genommen, Paris habe statt der echten Helena nur ein Schattenbild nach Troja entführt, damit der von Zeus beschlossene Krieg habe ins Werk gesetzt werden können. An dieser Fassung dichtete Euripides weiter: Helena wurde schon bei Paris' Ankunft in Sparta von Hermes im Auftrag ihres göttlichen Vaters Zeus nach Ägypten entführt, und Paris raubte bereits dort ein von Hera geschaffenes Schattenbild. So konnte Helena in allen Wirrnissen die unberührte Gemahlin des Menelaos bleiben.

Vor dem Palast des Theoklymenos, des Sohnes und Nachfolgers des Proteus, legt Helena zu Beginn der Tragödie diese verwickelte Vorgeschichte dar. Seit dem Tod des Proteus droht ihr Gefahr: Theoklymenos stellt ihr nach. Überrascht bemerkt sie einen Fremden (V. 68ff.). Es ist Teukros, der Halbbruder des Aias, den sein Vater Telamon wegen des Selbstmordes des Bruders aus Salamis verbannte. Er erzählt Helena vom Fall Trojas und vom Schicksal der griechischen Heerführer. So erfährt sie, dass Menelaos für tot gelte. Gedrängt von Helena, macht Teukros sich auf, um auf der Insel Zypern eine neue Heimat zu finden. Herbeigerufen durch Helenas Klagen, versammeln sich gefangene Griechinnen (der Chor), die in Ägypten als Sklavinnen leben (V. 167ff.). Sie raten Helena, sie solle, um sich Gewissheit über ihren Gatten zu verschaffen, die Seherin Theonoë, die Tochter des Proteus, befragen. Kaum haben sich die Frauen und Helena entfernt, erscheint Menelaos, der auf der Rückfahrt von Troja an der ägyptischen Küste Schiffbruch erlitten hat (V. 386ff.). Er klopft ans Palasttor und wird von einer alten Dienerin unwirsch abgewiesen (V. 437ff.). Nebenbei erfährt er, dass Helena sich hier aufhalte. Schnell versteckt er sich, da die Frauen zurückkommen (V. 515ff.). Helena ist glücklich, weil nach dem Spruch der Seherin Menelaos noch lebt. Da entdeckt sie ihn und gibt sich als seine Frau Helena zu erkennen (V. 541ff.). Menelaos ist verunsichert, ist er doch der Überzeugung, auf seinem Schiff Helena mit sich zu führen. Gerade will er sich von der echten Helena abwenden, als ein Bote meldet, dass die Helena auf dem Schiff plötzlich verschwunden sei (V. 597ff.). Jetzt erst glaubt er seiner Frau und schließt sie in die Arme. Doch wichtiger als ihre Erlebnisse auszutauschen, ist die Flucht aus Ägypten – wieder haben wir also die übliche Verbindung von ›Anagnórisis‹ und Intrige. Helena will Theonoë bitten, ihnen zur Flucht zu verhelfen. Die Seherin erklärt sich zwar nicht dazu bereit, sie zu unterstützen, doch will sie Theoklymenos die Ankunft des Menelaos verschweigen. Da kommt Helena die rettende Idee: Sie will den König bitten, ihr eine Scheinbestattung zu Ehren des verstorbenen Menelaos auf hoher See zu gestatten und ihr zu diesem Zweck ein Schiff zu stellen. Verwirrt bleibt der Chor zurück (V. 1107ff.).

Der Plan ist erfolgreich. Menelaos tritt wie Orest in den Elektra-Dramen als Augenzeuge seines eigenen Todes auf, und Theoklymenos gewährt Helena gern ihre Bitte, zumal sie ihm in Aussicht stellt, ihn nach den Totenfeierlichkeiten zu heiraten. Unverzüglich werden die Vorbereitungen getroffen. Der Chor stellt sich die Fahrt des Menelaos und der Helena in die griechische Heimat vor (V. 1451ff.). Da meldet ein Bote Theoklymenos die Flucht Helenas (V. 1512ff.). Wutentbrannt will der König seine Schwester Theonoë wegen ihres Schweigens bestrafen. Doch die Dioskuren, Helenas vergöttlichte Brüder Kastor und Polydeukes, halten ihn zurück (V. 1642ff.).

Die Wahrheit, die hinter dem heiteren, oft die Grenzen zur Komödie streifenden Spiel zum Vorschein kommt, ist bitter: Der zehnjährige Krieg um Troja mit all den unzähligen Menschenopfern wurde um ein bloßes Scheingebilde geführt! Die Problematik von Sein und Schein und der menschlichen Erkenntnisfähigkeit, die in den Tragödien des Sophokles, vor allem im *König Oidipus*, zentral ist, fesselte im ausgehenden 5. Jahrhundert nicht nur die Tragiker, sondern auch die Philosophen. Der Rhetoriklehrer Gorgias, der sich in seiner vermutlich in zeitlicher Nähe zur euripideischen Tragödie verfassten *Lobrede auf Helena* ebenfalls in spielerischer Weise um eine Rehabilitierung der Heroine bemüht, treibt in seiner Schrift *Über das Nichtseiende* die Problematik der Erkenntnis und der zwischenmenschlichen Kommunikation auf die Spitze. In Auseinandersetzung mit der eleatischen Philosophie eines Parmenides und Zenon stellt Gorgias zwei Behauptungen auf, die er dann sofort relativiert: 1. Es gibt nichts. Und wenn es doch etwas gäbe, könnten wir es nicht wahrnehmen.

2. Wenn wir es wahrnehmen könnten, wären wir nicht in der Lage, es anderen mitzuteilen. Dies bedeutet: Der Mensch ist nicht imstande, seinem Gegenüber die Wirklichkeit genau so mitzuteilen, wie er selbst sie wahrnimmt. Und genau in dieser Situation sehen wir Menelaos in der euripideischen *Helena*, als er seiner echten Frau in Ägypten begegnet und nun nicht mehr weiß, was wahr und was Trug ist.

Die Rückkehr des Dionysos oder Drama und Mysterium: *Die Bakchen*

Die *Bakchen* wurden nach Euripides' Tod von seinem Sohn gleichen Namens zusammen mit der *Iphigenie in Aulis* und dem *Alkmeon in Korinth* aufgeführt und brachten dem Dichter postum einen seiner wenigen Siege im tragischen Agon ein. Sie sind eines seiner dunkelsten Stücke und haben zu konträren Interpretationen Anlass gegeben. Titel wie Jacob Norwoods *The Riddle of the Bacchae* (London 1908) oder Karl Reinhardts Schlussworte seiner Euripides-Interpretation (»Die Sinneskrise bei Euripides«, in: *Tradition und Geist. Gesammelte Essays zur Dichtung*, Göttingen 1960, 256): »Man rät bis heute daran herum«, verdeutlichen die Schwierigkeiten, die diese Tragödie den Interpreten bereitet. Ende des 19. und zu Beginn des 20. Jahrhunderts kristallisierten sich zwei gegensätzliche Interpretationsansätze heraus: Die einen deuteten die *Bakchen* als einen Widerruf des Dichters auf dem Totenbett, als ein Zeugnis seiner Rückkehr zum alten Götterglauben nach Jahren der Skepsis und Kritik, andere dagegen sahen in dem Stück die letzte scharfe Anklage, die Euripides gegen die traditionelle Religion, gegen irrationale, orgiastische Kulte und gegen die Auswüchse dieser Art von Götterverehrung richtete. Angemessener erscheint eine literarische Interpretation der Tragödie: Indem Euripides das Wirken des Gottes Dionysos in den Mittelpunkt seines letzten Werkes stellt, schlägt er am Endpunkt der klassischen attischen Tragödie den Bogen zu den Ursprüngen der Gattung und zu der chorlyrischen Form zurück, aus der sich die Tragödie entwickelt hat: zum Kultlied des Dionysos, zum Dithyrambos. Diese Rückbesinnung auf den Ursprung passt durchaus zu den archaisierenden Tendenzen des ausgehenden 5. Jahrhunderts v. Chr. Auch in der etwa gleichzeitig entstandenen Komödie *Die Frösche* des Aristophanes steht der Theatergott als *dramatis persona* im Mittelpunkt.

Strukturelle und formale Besonderheiten des Stücks verweisen ebenfalls auf die frühe Phase der Gattung Tragödie: Der Chor, der von Bakchantinnen, Anhängerinnen des Dionysos, gebildet wird, und die Lieder, die er vorträgt, sind ganz wie in den Tragödien des Aischylos in die dramatische Handlung integriert, und es fehlen die für Euripides' Spätwerk typischen Schauspielerarien. Die Sprache ist altertümlich, durchsetzt mit aischyleischen und kultischen Elementen, ›Antilabaí‹ (die Aufteilung eines Verses unter zwei Sprecher) werden außer in den Versen 189 und 966–970 vermieden. Die Párodos (V. 64–169), das Einzugslied des Chores, ist ein Dionysos-Hymnos, also eine Dramatisierung des Dithyrambos. Zu dieser archaisch wirkenden Sprache und Struktur bildet die metrische Form der Sprechverse einen schroffen Gegensatz: Die iambischen Trimeter weisen die für Euripides' Spätwerk typische erhöhte Zahl an Auflösungen (43,6%) auf (s. S. 115). Der ›moderne‹ Rhythmus des Vortrags steht somit im Gegensatz zum Vorgetragenen und schafft dadurch schon auf dieser Ebene eine Spannung, die auch den Inhalt der Tragödie bestimmt.

Am Anfang der *Bakchen* steht eine Rede des Gottes Dionysos (Prolog, V. 1–63), der menschliche Gestalt angenommen hat und nun in seiner Heimatstadt Theben die ihm gebührende Verehrung durchsetzen will. Die Schwestern seiner Mutter Semele indessen fügen sich nicht; sie behaupten, Semele habe nur auf Anraten des Kadmos, ihres Vaters, um die Schmach eines unehelichen Kindes zu verdecken, Zeus als Vater ausgegeben. Um seine göttliche Macht zu zeigen, habe er, fährt der Gott fort, die Frauen Thebens in bakchantischem Taumel aus den Häusern ins Gebirge getrieben, und ebenso werde er seinem Vetter Pentheus, der nunmehr an Kadmos' Statt das Land regiere, seine Macht kundtun, falls sich dieser weiterhin ihm, dem neuen Gott, widersetzen wolle.

In der auf das Einzugslied des Chores folgenden Szene (V. 170ff.) treten zwei gegensätzliche Reaktionen auf den Einbruch der neuen Gottheit hervor: Zunächst (V. 170–211) wollen sich zwei gebrechliche alte Männer, der Seher Teiresias und der ehemalige König Kadmos, bekleidet mit dem dionysischen Gewand, dem Fell eines Rehs, und versehen mit den Attributen der bakchantischen Feier, Thyrsosstab und Efeukranz, auf den Weg ins Gebirge machen, um den Gott durch ihren Tanz zu ehren. Die bakchantische Aufmachung und das Verlangen zu tanzen stehen in einem geradezu grotesken Missverhältnis zur Gebrechlichkeit der Alten. Doch hinter der Groteske verbirgt sich ein tieferer Sinn: Die Macht des Gottes packt auch die Alten, Blinden und Gebrechlichen und, ganz der Verheißung der dionysischen Mysterien entsprechend, verjüngt sie.

Pentheus' Auftritt unterbricht den Weg der beiden Alten. Die Deutung der *Bakchen* hängt letztlich von der Interpretation von Pentheus' Charakter ab: Stellt er einen positiven Helden dar, einen Verteidiger der Aufklärung und des Rationalismus gegen den irrationalen, orgiastischen Kult aus dem Osten, dem sich die Bürger seines Landes in Scharen anschließen, oder repräsentiert er den Typus dessen, der gegen eine göttliche Macht ankämpft? Die Entscheidung dieser Frage ist leicht: Von Anfang an legt Pentheus das typische Verhalten eines Tyrannen an den Tag – man denke z.B. an Kreon in der *Antigone* des Sophokles – und kann dadurch nicht auf die Sympathie der Zuschauer stoßen. Barsch fährt er die beiden Greise an, ja er droht sogar damit, wie Oidipus in der sophokleischen Tragödie, Teiresias' Wahrsagesitz umstürzen zu lassen. Mit einer starren, vorgefassten Meinung betrachtet er den neuen Kult; er hört weder auf Teiresias' Argumente, der durch eine allegorische Mythenerklärung Pentheus den Dionysoskult nahebringen will (V. 266ff.), noch auf Kadmos' beschwörende Worte, der seinen Enkel bittet, wenigstens aus familienpolitischen Gründen Dionysos anzuerkennen (V. 330ff.). In dem Treiben der Bakchantinnen sieht er nur einen Vorwand für hemmungsloses Trinken und sexuelle Ausschweifungen (V. 215ff.).

Im weiteren Handlungsverlauf wird vorgeführt, wie Dionysos sich Pentheus als Gott offenbart: Häscher des Pentheus ergreifen ihn in der Gestalt eines Fremden und schleppen ihn vor den Herrscher (V. 434ff.). Das Verhör des Gottes enthüllt, wie sehr Pentheus in sein Vorurteil gegenüber dem neuen Kult verstrickt ist (V. 451ff.). Gleichzeitig stacheln die ausweichenden, doppeldeutigen Antworten des Gottes die Neugierde des Königs an (V. 475). Die letzten Worte des Gottes, bevor er in den Kerker abgeführt wird, weisen auf die Katastrophe voraus (V. 515–518): Drohend kündigt er an, dass er dem Hochmut, der Hybris, des Gottesleugners eine furchtbares Ende werde.

Dionysos' Gefangenschaft ist von kurzer Dauer: Begleitet von einem Erdbeben, von Donner und Blitzen tritt er aus dem Gefängnis und schildert dem Chor der Bakchantinnen, wie der Gott – auch für die Frauen des Chors ist er nur ein Mensch – Pentheus durch Halluzinationen und Truggebilde verwirrt und als Strafe für die Hybris den Palast zum Einsturz gebracht habe (V. 604ff.).

Wieder treffen Pentheus und der Fremde zusammen. Ihr Wortwechsel wird durch einen Hirten unterbrochen, der vom Treiben der Frauen im Gebirge berichtet. Pentheus ruft trotz der Warnung des Fremden zu den Waffen, um gegen die Bakchantinnen auszuziehen. Doch da wird er von Dionysos an seiner Neugier gepackt, indem dieser ihm verspricht, ihn die Frauen heimlich beobachten zu lassen, wenn er ihm in der Kleidung einer Bakchantin folgen werde (V. 810ff.). Pentheus erliegt der Versuchung: Das Anlegen der dionysischen, weiblichen Tracht symbolisiert das Eindringen des Gottes in seinen Geist.

Die furchtbaren Ereignisse, die Pentheus' Gang ins Gebirge auslöst, werden in der Schlussszene (V. 1025ff.) schrittweise enthüllt: Zunächst schildert ein Diener (V. 1043ff.), wie die Bakchantinnen Pentheus aufgespürt hätten und Agaue, seine Mutter, ihn im Wahn, sie erlege einen Löwen, zerrissen habe. Im zweiten Teil der Exodos (V. 1165ff.) tritt Agaue selbst auf, im bakchantischen Taumel das Haupt des Sohnes als Jagdtrophäe hochhaltend. Wie Herakles nach der Ermordung von Frau und Kindern durch seinen Vater Amphitryon allmählich zur furchtbaren Wahrheit hingeführt wird, so deckt Kadmos der langsam aus ihrem Wahn erwachenden Agaue die grausame Tat auf (V. 1216ff.). In dieser Situation höchsten menschlichen Leids erscheint Dionysos – nun in göttlicher Gestalt – als *deus ex machina* und betont, dass der Grund für die Strafe in der Verachtung liege, die man ihm in seiner Heimatstadt entgegengebracht habe. Doch während sonst der *deus ex machina*, jedenfalls vordergründig, die menschlichen Angelegenheiten zur Zufriedenheit aller ordnet, lässt Dionysos Verzweifelte zurück, die das Walten des Gottes nicht verstehen (V. 1348, 1381–1387).

Wie im *Hippolytos* lenkt auch in den *Bakchen* Euripides die Sympathie der Zuschauer am Ende auf das Opfer. Wie Hippolytos, ja in weit höherem Maße als dieser, stellt Pentheus einen starrsinnigen Aristokraten dar, der beim demokratischen Publikum nicht auf Verständnis stoßen kann. Doch am Schluss – angesichts der grausamen göttlichen Strafe – begegnet der Zuschauer dem leidenden Menschen mit Mitgefühl.

Diese zwiespältige Haltung wird von Kadmos deutlich ausgesprochen (V. 1344ff.). Der Alte räumt ein, dass Pentheus wegen seiner Haltung Strafe verdient habe; doch er klagt die allzu harte Vergeltung des Gottes an (V. 1348): Auch Milde müsse im Zorn des Gottes sein. Dionysos jedoch lässt sich nicht auf eine Diskussion über die Berechtigung oder das Ausmaß seiner Rache ein. Da die Menschen schuldig geworden sind, trifft sie unausweichlich die göttliche Strafe, ohne dass man hinter diesem Geschehen das Element sehen könnte, das für die aischyleische Theodizee von höchster Bedeutung ist, das Element der göttlichen Gunst (*cháris*), die bei Aischylos den Menschen in ihrem Leid zur Einsicht in die sinnvolle göttliche Ordnung verhilft.

Betrachtet man die *Bakchen* nur vom Ende her, lässt sich das Stück, was den theologischen Gehalt, die Ferne zwischen Gott und Mensch, angeht, in eine Reihe mit dem *Hippolytos*, mit *Herakles* oder *Orestes* stellen. Dabei geht jedoch ein wesentlicher Aspekt verloren, der die Spannung des Dramas ausmacht: Dionysos beschreibt sich selbst als den Sohn des Zeus, der seinem Wesen nach ein Gott mit der vollen Autorität und Funktion eines Gottes ist und der den Menschen sowohl äußerst furchtbar als auch in höchstem Maße freundlich gesinnt sein kann. Diese Bipolarität von Milde und Grausamkeit, von Freude und Leid für die Menschen, war ursprünglich ein wesentliches Merkmal des Dionysoskultes. Für die Zeitgenossen des Euripides waren Dionysosfeste jedoch »Erholungen von den Mühen des Alltags«, um Thukydides (II 38) zu zitieren. Die Institutionalisierung und Reglementierung durch die Polis beließ den Festen nur die milde, heitere Seite des Dionysischen und verdrängte die wilden, urtümlichen Elemente des Kultes, das Zerreißen von lebenden Tieren (*sparagmós*) und das Verzehren von rohem Fleisch (*omophagía*), die in Ekstase begangenen rituellen Handlungen, die die Bakchantinnen hier beim Schwärmen durchs Gebirge (*oreibasía*) begehen.

So bietet Euripides, vielleicht angeregt durch seine Erfahrungen in Makedonien oder auch durch die während des Peloponnesischen Krieges überhand nehmenden orgiastischen Kulte, in seinem letzten Werk eine Deutung des Dionysischen in seiner bipolaren Erscheinungsform, der überwältigenden Schönheit und Anziehungskraft auf der einen und der unmenschlichen Grausamkeit auf der anderen Seite.

5. Die nachklassische Tragödie

Zwar bedeutete der Tod von Euripides und Sophokles im Jahre 406 v. Chr. einen tiefgehenden Einschnitt in der Geschichte der attischen Tragödie – in den *Fröschen* des Aristophanes (V. 72) begründet der Theatergott Dionysos seinen Unterweltsgang (s.o. S. 9) mit dem Verlangen nach einem »rechten Dichter. Denn die guten leben nicht mehr, und die Lebenden sind einfach schlecht« –, doch auch im 4. und 3. Jahrhundert blühte der Theaterbetrieb in Athen und Attika, ja erfuhr durch die Zulassung ›alter Tragödien‹ nach 386 sogar noch einen weiteren Aufschwung. Was aus dieser Zeit jedoch erhalten ist, lässt kaum einen sicheren Rückschluss auf Inhalte, Handlungsführung und Struktur der Stücke zu. Die Fragmente und Zeugnisse erlauben es allerdings, einige Tendenzen der nachklassischen Tragödie zu bestimmen.

Nach 386 v. Chr. wurde Euripides, wie man den ›Didaskalien‹, den staatlichen Aufzeichnungen über die dramatischen Agone, entnehmen kann, zu dem Tragiker par excellence. Er bestimmte nicht nur den Spielplan, sondern forderte die Tragiker auch zur ständigen Auseinandersetzung mit seinen Stoffen und dramatischen Techniken heraus. Die Folge der Beliebtheit, derer sich seine Stücke im 4. Jahrhundert erfreuten, sind zahlreiche Interpolationen, von Schauspielern und Regisseuren vorgenommene Einschübe und Umdichtungen, die wie z.B. in der *Iphigenie in Aulis* beträchtliche Ausmaße annehmen konnten, so dass wir mit dem überlieferten Text der euripideischen Tragödie nicht so sehr das ›Original‹ als vielmehr ein Rezeptionszeugnis in den Händen halten.

Der Chor scheint im 4. Jahrhundert, wie dies im Spätwerk des Euripides schon zu beobachten ist, weiter an Bedeutung verloren zu haben. Dazu mag auch beigetragen haben, dass Agathon, ein jüngerer Zeitgenosse des Euripides, der ebenfalls der Einladung des makedonischen Königs Archelaos nach Pella folgte und dort um 400 starb, nach dem Zeugnis des Aristoteles (*Poetik* c. 18, 1456a30) dazu überging, den Chor Lieder singen zu lassen, die mit der Handlung nichts oder nur wenig zu tun hatten (vgl. S. 41). Ebenfalls hat Agathon – wieder nach dem Zeugnis des Aristoteles (*Poetik* c. 10, 1451b21) – in einer Tragödie mit dem Titel *Antheus* als Erster die Personen völlig frei erfunden, also die Bindung der Gattung an den Mythos aufgegeben.

Wie im ausgehenden 5. Jahrhundert scheint es auch in der nachklassischen Tragödie archaisierende Strömungen, wohl ausgelöst durch die philologische Beschäftigung mit den Tragikertexten, gegeben zu haben. Von dem Tragiker Moschion (3. Jh. v. Chr.) sind zwei Titel, *Themistokles* und *Die Männer von Pherai*, bezeugt, die darauf schließen lassen, dass der Dichter wie Aischylos in den *Persern* oder Phrynichos in der *Einnahme Milets* und den *Phönizierinnen* historische Dramen schrieb. 33 Verse sind auf einem Papyrus von einem Gyges-Drama erhalten, eine Dramatisierung der von Herodot (I 8–13) erzählten Geschichte von dem lydischen König Kandaules, der seine Frau über alle Maßen liebte und in seinem Stolz seinen Gefolgsmann Gyges nötigte, sie im Schlafzimmer nackt zu betrachten. Von Kandaules' Frau dabei ertappt, wurde er von ihr aus verletztem Ehrgefühl genötigt, ihren Mann zu töten, sie zu heiraten und die Herrschaft in Lydien zu übernehmen. Die erhaltene Partie enthält einen Bericht der Königin, dass sie von Gyges nackt gesehen worden sei.

Bereits im 5. Jahrhundert, auf alle Fälle nach der Einführung eines Schauspieleragons bei den Großen Dionysien um 449, gewannen die Schauspieler bei den dramatischen Aufführungen immer mehr an Bedeutung. Die zahlreichen Monodien im Spätwerk des Euripides boten den Akteuren die Gelegenheit, in den sich durch zahlreiche Rhythmen- und Metrenwechsel auszeichnenden Bravour-Arien zu brillieren. Im 4. und 3. Jahrhundert scheint es teilweise üblich geworden zu sein, wie mit Noten versehene Papyri belegen, nicht mehr die kompletten Stücke, sondern Glanzpartien von den Bühnenstars vortragen zu lassen.

Nach 400 verlor die Tragödie mehr und mehr ihren Bezug zur Stadt Athen. Es bildeten sich Vereinigungen professioneller Schauspieler, die ›Dionysostechniten‹, die mit ihrem Repertoire durch die Lande reisten. Zahlreiche Inschriften aus der gesamten griechischsprachigen Welt des Mittelmeerraums bezeugen Aufführungen von Tragödien durch solche Gruppen. Der Verlust des Polis-Bezugs fand seinen Ausdruck auch darin, dass sich die Gattung als Medium für die Vermittlung von Inhalten unterschiedlicher Art öffnete. So soll der kynische Philosoph Diogenes von Sinope (412/403–324/321 v. Chr.) sich der tragischen Form bedient haben, um in Auseinandersetzung mit den traditionellen Mythen wie dem Medea-, Oidipus- oder Thyest-Stoff in provokanter Weise die von ihm propagierte Umwertung der traditionellen Moralvorstellungen zu illustrieren: dass Inzest und Vatermord oder Kannibalismus durchaus naturgemäß seien. Man kann sich kaum vorstellen, dass diese Stücke für die Bühne geschrieben waren; eher waren sie wohl als Lesedramen gedacht.

Ein besonders interessantes Zeugnis der nachklassischen Tragödie findet sich unter den Tragödien des Euripides: der *Rhesos*, eine Dramatisierung des 10. Buches der homerischen *Ilias*. Schon in der Antike wurde die Verfasserschaft kontrovers diskutiert, und in der Forschung hat sich, obwohl es immer wieder Gegenstimmen gibt, inzwischen als *communis opinio* durchgesetzt, das Stück einem anonymen Autor des 4. Jahrhunderts zuzuschreiben. Das Drama, das gänzlich in der Nacht spielt – es ist dies ein Novum in der griechischen Tragödie –, zeichnet sich durch eine an Überraschungen nicht arme Handlung und durch spektakuläre Bühneneffekte – Rhesos' Auftritt auf einem Wagen (V. 380ff.) – aus.

Aus der Zeit zwischen der Mitte des 3. Jahrhunderts und 40 v. Chr. stammen die 269 Verse eines jüdischen, wohl aus Alexandria stammenden Autors namens Ezechiel. In dem an

Ortswechseln reichen Stück wird – nach dem alttestamentarischen Buch *Exodus* (1–15) – der Auszug der Israeliten mit Moses als Protagonisten dramatisiert.

Einige einführende Literaturangaben

Einführende Literatur zur Tragödie

K. Bosher (Hg.): *Theater outside Athens. Drama in Greek Sicily and South Italiy*, Cambridge 2012.

E. Csapo – H.R. Goette – J.R. Green – P. Wilson (Hgg.): *Greek theatre in the fourth century B.C.*, Berlin – Boston 2014.

P.E. Easterling (Hg.): *The Cambridge Companion to Greek tragedy*, Cambridge 1997.

Th. Fuhrer – M. Hose: *Das antike Drama*, München 2017.

J. Gregory (Hg.): *A companion to Greek tragedy*, Oxford 2005.

J. Latacz: *Einführung in die griechische Tragödie*, Göttingen ²2003.

A. Lesky: *Die tragische Dichtung der Hellenen*, Göttingen ³1972.

H. Roisman (Hg.): *The encyclopedia of Greek tragedy*, Malden – Oxford 2014.

G.A. Seeck (Hg.): *Das griechische Drama*, Darmstadt 1979.

E. Steward: *Greek tragedy on the move. The birth of a panhellenic art from c. 500–300 BC*, Oxford 2017.

B. Seidensticker: *Das antike Drama*, München 2010.

B. Zimmermann: *Europa und die griechische Tragödie*, Frankfurt a.M. 2000.

B. Zimmermann: »Die attische Tragödie«, in: ders. (Hg.): *Handbuch der griechischen Literatur der Antike, 1. Bd.: Die Literatur der archaischen und klassischen Zeit*, München 2011, 484–554.

Zum Satyrspiel

B. Seidensticker (Hg.): *Satyrspiel*, Darmstadt 1989.

R. Krumeich, N. Pechstein, B. Seidensticker (Hgg.): *Das griechische Satyrspiel*, Darmstadt 1999.

R. Lämmle, *Poetik des Satyrspiels*, Heidelberg 2013.

Zu den Aufführungsbedingungen und zur Inszenierung

H.D. Blume: *Einführung in das antike Theaterwesen*, Darmstadt ³1991.

E. Csapo – W.J. Slater: *The context of ancient drama*, Ann Arbor 1994.

A. Pickard-Cambridge: *The dramatic festivals of Athens*, revised by J. Gould and D.M. Lewis, with a new supplement, Oxford 1988.

O. Taplin: *The stagecraft of Aeschylus*, Oxford 1977.

P. Wilson: *The ancient institution of the ›khoregia‹: The chorus, the city, and the stage*, Cambridge 2000.

P. Wilson (Hg.): *The Greek theatre and festivals*, Oxford 2007.

Zu den Schauspielern

E. Csapo: *Actors and icons of the ancient theatre*, Malden (MA) – Oxford 2010.

P. Easterling – E. Hall (Hgg.): *Greek and Roman Actors*, Cambridge 2002.

Zur Überlieferung

M. Landfester (Hg.): *Geschichte der antiken Texte*, Stuttgart – Weimar 2007.

Zur Rezeption

H. Flashar: *Inszenierung der Antike. Das griechische Drama auf der Bühne*, München ²2009.

W. Frick: *Die mythische Methode. Komparatistische Studien zur Transformation der griechischen Tragödie im Drama der klassischen Moderne*, Tübingen 1998.

B. Zimmermann: *Spurensuche. Studien zur Rezeption der antiken Literatur*, Freiburg – Berlin – Wien 2009.

Zur Mythologie

K. Brodersen – B. Zimmermann (Hgg.): *Kleines Lexikon mythologischer Figuren der Antike*, Stuttgart – Weimar 2015.

Aischylos

1. Ausgaben

Aeschyli tragoediae, hg. von D. Page (Oxford Classical Texts), Oxford 1972.

Aeschyli tragoediae, hg. von M.L. West (Bibliotheca Teubneriana), Stuttgart 1990.

Fragmente:

Tragicorum Graecorum Fragmenta, Vol. 3: Aeschylus, hg. von S. Radt, Göttingen 1985.

Aeschylus. Fragments, hg. von A.H. Sommerstein, Cambridge (Mass.) 2008 (mit engl. Übersetzung).

2. Kommentare (in Auswahl)

Agamemnon: E. Fraenkel, 3 Bde., Oxford 1950; J.D. Denniston – D. Page, Oxford 1957.

Choëphoren: A.F. Garvie, Oxford 1986.

Eumeniden: A.H. Sommerstein, Cambridge 1989.
Hiketiden: H. Friis Johansen – E.W. Whittle, Kopenhagen 1980.
Perser: E. Hall, Warminster 1996; A.F. Garvie, Oxford 2009.
Prometheus: M. Griffith, Cambridge 1983.
Sieben gegen Theben: G.O. Hutchinson, Oxford 1985.

3. *Einführende Literatur zu Aischylos*

H. Hommel (Hg.): *Aischylos*, 2 Bde., Darmstadt 1974.
S. Föllinger: *Aischylos. Meister der griechischen Tragödie*, München 2009.
K. Reinhardt: *Aischylos als Regisseur und Theologe*, Bern 1949.
A.H. Sommerstein: *Aeschylean tragedy*, London [2]2010.
R.P. Winnington-Ingram: *Studies in Aeschylus*, Cambridge 1983.
B. Zimmermann: »Aischylos«, in: ders. (Hg.): *Handbuch der griechischen Literatur der Antike*, München 2011, Bd. 1, 561–573.

Sophokles

1. *Ausgaben*

Sophodis fabulae, hg. von H. Lloyd-Jones und N.G. Wilson (Oxford Classical Texts), Oxford 1990.
Sophodis tragoediae, hg. von R.D. Dawe (Bibliotheca Teubneriana), 2 Vol., Stuttgart [3]1996.

Fragmente:

Tragicorum Graecorum Fragmenta, Vol. 4: Sophocles, hg. von S. Radt, Göttingen [2]1999.

2. *Kommentare (in Auswahl)*

Kommentare zum Gesamtwerk:

R. Jebb, Cambridge 1883–96 (mehrfach nachgedruckt); F.W. Schneidewin – A. Nauck, bearbeitet von A. Bruhn – L. Radermacher, Leipzig 1909–14; J. C. Kamerbeek, Leiden 1953–84.

Zu einzelnen Stücken:

Aias: W.B. Stanford, London 1963, New York 1979; A.W. Garvie, Warminster 1998; M. Griffith, Cambridge 1999; P.J. Finglass, Cambridge 2011.
Antigone: G. Müller, Heidelberg 1967; M. Griffith, Cambridge 1999.
Elektra: J.H. Kells, Cambridge 1973; P.J. Finglass, Cambridge 2007.

König Oidipus: R.D. Dawe, Cambridge 1982; J. Bollack, 4 Bde., Lille 1990.

Oidipus auf Kolonos: G. Avezzù – G. Guidorizzi, Fondazione Lorenzo Valla 2008.

Philoktetes: T.B.L. Webster, Cambridge 1970; R.G. Ussher, Warminster 1990; G. Avezzù, Fondazione Lorenzo Valla 2003; S.L. Schein, Cambridge 2013.

Trachinierinnen: P.E. Easterling, Cambridge 1982; M. Davies, Oxford 1991.

Fragmente: A.H. Sommerstein – D. Fitzpatrick – T.H. Talboy, Oxford 2006. – A.H. Sommerstein – T.H. Talboy, Oxford 2012.

3. *Einführende Literatur zu Sophokles*

H. Diller (Hg.): *Sophokles*, Darmstadt 1967.

H. Flashar: *Sophokles. Dichter im demokratischen Athen*, München 2000.

E. Lefèvre: *Die Unfähigkeit, sich zu erkennen. Sophokles' Tragödien*, Leiden – Boston – Köln 2003.

A. Markantonatos (Hg.): *Brill's companion to Sophocles*, Leiden – Boston 2012.

K. Reinhardt: *Sophokles*, Frankfurt a.M. [4]1976.

R.P. Winnington-Ingram: *Sophocles. An interpretation*, Cambridge 1980.

B. Zimmermann: »Sophokles«, in: ders. (Hg.): *Handbuch der griechischen Literatur der Antike*, München 2011, Bd. 1, 573–586.

Euripides

1. *Ausgaben*

Euripides fabulae, Edidit J. Diggle, 3 Bde. (Oxford Classical Texts), Oxford 1981, 1984, 1994.

Eine Gesamtausgabe der Stücke des Euripides in Einzelausgaben liegt in der Bibliotheca Teubneriana vor.

Fragmente:

Tragicorum Graecorum Fragmenta, Vol. 5: Euripides, 2 Bde., hg. von R. Kannicht, Göttingen 2004.

Euripides: *Selected fragmentary plays, Vol. 1*, hg. von C. Collard – M.J. Cropp – K.H. Lee, Oxford 1995 (mit Ergänzungen 2009); *Vol. 2*, hg. von C. Collard – M.J. Cropp – J. Gibert, Oxford 2004 (mit engl. Übersetzung).

Euripides: *Fragments*, 2 Bde., hg. von C. Collard – M. Cropp, Cambridge (Mass.) – London 2008 (mit engl. Übersetzung).

2. *Kommentare (in Auswahl)*

Alkestis: A.M. Dale, Oxford 1954; L.P.E. Parker, Oxford 2004.
Andromache: P.T. Stevens, Oxford 1971.
Bakchen: E.R. Dodds, Oxford [2]1960.
Elektra: J.D. Denniston, Oxford 1939; M.J. Cropp, Warminster 1988.
Hekabe: M. Tierney, Bristol 1979.
Helena: A.M. Dale, Oxford 1967; R. Kannicht, 2 Bde., Heidelberg 1969; W. Allan, Cambridge 2008.
Herakles: U. v. Wilamowitz-Moellendorff, Berlin [2]1895 (Nachdruck Darmstadt 1959); G.W. Bond, Oxford 1981.
Herakliden: J. Wilkins, Oxford 1993.
Hiketiden: C. Collard, 2 Bde., Groningen 1975.
Hippolytos: W.S. Barrett, Oxford 1964.
Ion: U. v. Wilamowitz-Moellendorff, Berlin 1926; A.S. Owen, Oxford 1939.
Iphigenie bei den Taurern: M. Platnauer, Oxford 1938; P. Kyriakou, Berlin – New York 2006; L.P.E. Parker, Oxford 2016.
Iphigenie in Aulis: W. Stockert, 2 Bde., Wien 1992.
Kyklops: R. Seaford, Oxford 1984; R.G. Ussher, Roma 1978.
Medea: D.L. Page, Oxford 1938; D.M. Mastronarde, Cambridge 2002.
Orestes: W. Biehl, Berlin 1965; C.W. Willink, Oxford 1986; M.L. West, Warminster 1987.
Phönizierinnen: E. Craik, Warminster 1988; D.M. Mastronarde, Cambridge 1994.
Troerinnen: K.H. Lee, London 1976; S.A. Barlow, Warminster 1986; W. Biehl, Heidelberg 1989.
Rhesos: V. Liapis, Oxford 2012.

3. *Einführende Literatur zu Euripides*

M. Hose: *Euripides. Der Dichter der Leidenschaften*, München 2008.
M. Hose: *Euripides als Anthropologe*, München 2009.
E.R. Schwinge (Hg.): *Euripides*, Darmstadt 1968.
Ch. Segal: *Dionysiac poetics and Euripides' Bacchae*, Princeton 1997.
B. Seidensticker: *Palintonos Harmonia. Studien zu komischen Elementen in der griechischen Tragödie*, Göttingen 1982.
B. Zimmermann: »Euripides«, in: ders.: *Handbuch der griechischen Literatur der Antike*, München 2011, Bd. 1, 586–606.

Stammbäume

1. Atriden (Aischylos, *Orestie*; Sophokles, *Elektra*; Euripides, *Elektra, Orestes, Iphigenie bei den Taurern, Iphigenie in Aulis, Helena*):

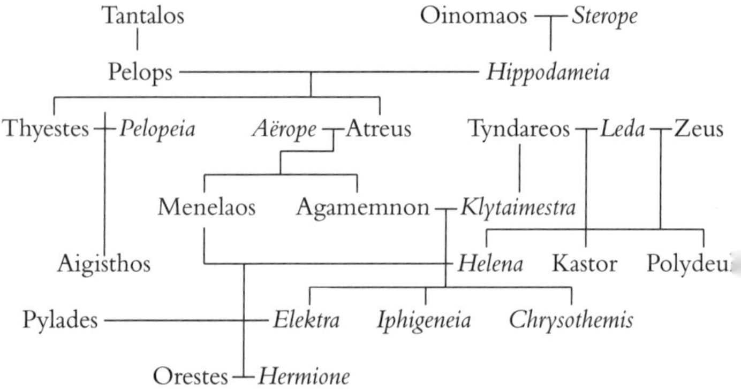

2. Labdakiden (Aischylos, *Sieben*; Sophokles, *Antigone, König Oidipus, Oidipus auf Kolonos*; Euripides, *Phönizierinnen*):

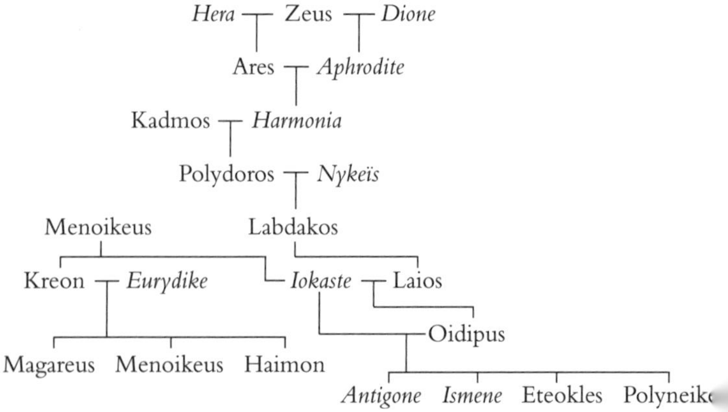

3. Herakles (Sophokles, *Die Trachinierinnen, Philoktetes*; Euripides, *Alkestis*, *Der rasende Herakles*, *Herakliden*):

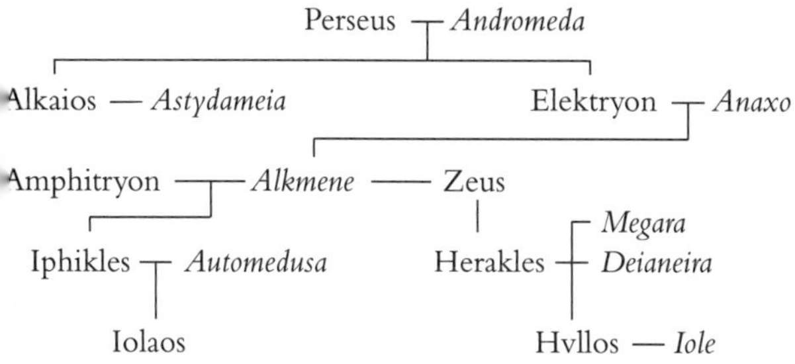

4. Aiakiden (Sophokles, *Aias*, *Philoktetes*; Euripides, *Andromache*):

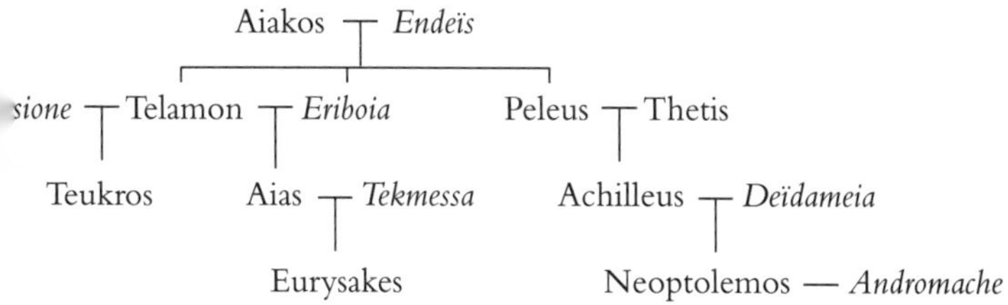

5. Das troianische Königshaus (Aischylos, *Agamemnon*, *Die Weihgußträgerinnen*; Sophokles, *Elektra*; Euripides, *Elektra*, *Hekabe*, *Ion*, *Die Troerinnen*, *Andromache*, *Orestes*):

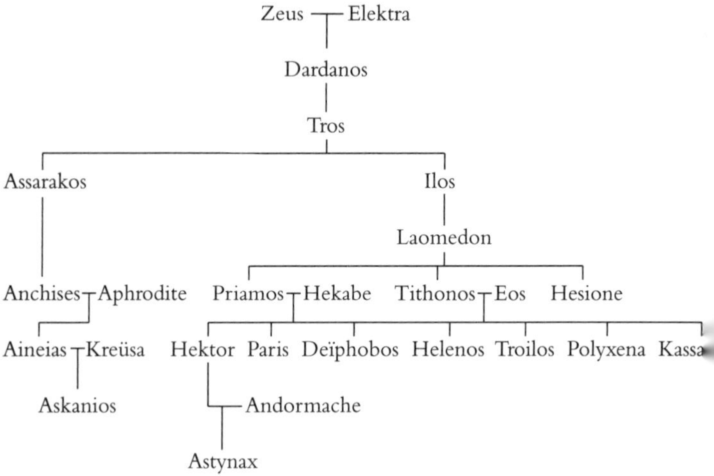

Deutschsprachige Gesamtausgaben

Mit instruktivem Vorwort, Einleitungen zu den einzelnen Dramen, Nachbemerkungen zu Entstehungs- und Aufführungsbedingungen, Stellenkommentar, Stammtafeln und aktueller Bibliographie von Bernhard Zimmermann

2015. 432 SEITEN. LEINEN
978-3-520-15207-7, € (D) 22,90

2015. 512 SEITEN. LEINEN
978-3-520-16306-6, € (D) 19,90

2016. 590 SEITEN. LEINEN
978-3-520-28403-7, € (D) 22,90

2016. 574 SEITEN. LEINEN
978-3-520-28503-4, € (D) 22,90